Prefácio

Bem-vindo ao "Dominando o Google Meu Negócio: SEO Local e Marketing Digital para Aumentar sua Visibilidade". Este livro foi cuidadosamente elaborado para servir como um guia abrangente e detalhado para ajudar empreendedores, profissionais de marketing e empresários a dominar a plataforma Google Meu Negócio e melhorar significativamente a visibilidade e o desempenho de suas empresas online.

Vivemos em uma era digital onde a presença online é crucial para o sucesso de qualquer negócio. O Google Meu Negócio é uma ferramenta poderosa que permite às empresas gerenciarem suas informações online, interagirem com os clientes e aumentarem sua visibilidade nos resultados de busca do Google e no Google Maps. No entanto, aproveitar ao máximo essa ferramenta requer conhecimento e estratégias específicas.

Este livro é resultado de uma extensa pesquisa e de anos de experiência prática no campo do marketing digital. Cada capítulo foi projetado para fornecer instruções claras, dicas práticas e estratégias avançadas para otimizar seu perfil do Google Meu Negócio e se destacar no mercado competitivo atual.

Ao longo deste livro, você encontrará informações detalhadas sobre como configurar e otimizar seu perfil, gerenciar avaliações e feedback, implementar técnicas avançadas de SEO, e muito mais. Também incluímos estudos de caso reais e exemplos práticos para ilustrar como essas estratégias podem ser aplicadas com sucesso.

Espero que este livro se torne uma ferramenta valiosa em sua jornada para dominar o Google Meu Negócio e levar sua empresa ao próximo nível. Desejo-lhe muito sucesso e crescimento contínuo.

Índice

Capítulo 1: O Poder do Google Meu Negócio

Introdução

No mundo digital de hoje, a presença online de uma empresa é crucial para o seu sucesso. Google Meu Negócio (GMB) é uma ferramenta gratuita que permite às empresas gerenciarem sua presença online no Google, incluindo a Pesquisa Google e o Google Maps. Este capítulo aborda a importância do Google Meu Negócio, as vantagens que ele oferece e como ele pode transformar a visibilidade da sua empresa.

1.1 Importância da Presença Online

A presença online tornou-se uma necessidade fundamental para qualquer negócio que deseja crescer e atingir seu público-alvo. Aqui estão alguns pontos importantes:

- **Visibilidade**: A maioria dos consumidores pesquisa produtos e serviços online antes de tomar uma decisão de compra. Estar presente no Google garante que sua empresa seja vista por potenciais clientes.
- **Credibilidade**: Ter um perfil verificado no Google Meu Negócio aumenta a credibilidade da sua empresa. Consumidores tendem a confiar mais em negócios que possuem informações completas e avaliações positivas.
- **Acessibilidade**: Um perfil bem estruturado no GMB torna fácil para os clientes encontrarem informações importantes sobre sua empresa, como endereço, horário de funcionamento e telefone.

1.2 Vantagens do Google Meu Negócio

Google Meu Negócio oferece várias vantagens que podem ajudar sua empresa a se destacar no mercado. Algumas das principais vantagens incluem:

- **Gratuito**: GMB é uma ferramenta gratuita oferecida pelo Google, o que significa que qualquer empresa pode criar e gerenciar seu perfil sem custos adicionais.
- **Melhor SEO Local**: Perfis otimizados no GMB são mais propensos a aparecer nos resultados de pesquisa locais, o que pode aumentar significativamente o tráfego para sua loja física.
- **Interação com Clientes**: GMB permite que você interaja diretamente com seus clientes por meio de avaliações, perguntas e respostas, e postagens. Isso pode ajudar a construir um relacionamento mais forte com seus clientes e aumentar a lealdade à marca.
- **Insights e Análises**: O GMB fornece dados valiosos sobre como os clientes encontram e interagem com seu perfil. Esses insights podem ser usados para melhorar suas estratégias de marketing e atendimento ao cliente.

1.3 Estrutura do Livro

Este livro é dividido em várias partes, cada uma focando em diferentes aspectos do Google Meu Negócio. A seguir, uma breve visão geral do que você encontrará em cada parte:

- **Parte 1: Configuração Inicial**: Aprenda a criar e configurar seu perfil no GMB, incluindo a adição de informações essenciais e verificação da empresa.

- **Parte 2: Otimização do Perfil**: Descubra como otimizar seu perfil para melhorar a visibilidade e a interação com os clientes.
- **Parte 3: Técnicas Avançadas de SEO**: Explore técnicas avançadas de SEO local para garantir que sua empresa esteja sempre no topo dos resultados de pesquisa.
- **Parte 4: Ferramentas e Recursos**: Saiba como utilizar ferramentas como Google Analytics e Google Search Console para monitorar e melhorar o desempenho do seu perfil.
- **Parte 5: Manutenção e Atualização Contínua**: Entenda a importância da manutenção regular do perfil e como manter-se atualizado com as melhores práticas.
- **Parte 6: Estudos de Caso e Exemplos Práticos**: Veja estudos de caso reais e exemplos práticos de empresas que alcançaram sucesso com o GMB.
- **Parte 7: Estratégias de Marketing Digital Integrado**: Aprenda a integrar o GMB com outras estratégias de marketing digital para maximizar seus resultados.
- **Parte 8: Expansão e Escalabilidade**: Descubra como escalar sua presença online e gerenciar múltiplos perfis.

Conclusão

O Google Meu Negócio é uma ferramenta poderosa que pode transformar a visibilidade e o sucesso da sua empresa. Este capítulo introdutório oferece uma visão geral da importância e das vantagens do GMB, bem como uma prévia do que será abordado nos capítulos seguintes. À medida que avançamos, você obterá um entendimento aprofundado de como configurar, otimizar e gerenciar seu perfil no Google Meu Negócio para alcançar resultados excepcionais.

Capítulo 2: Criação do Perfil do Google Meu Negócio

2.1 Como Criar uma Conta no Google

Antes de começar a configurar seu perfil no Google Meu Negócio, você precisa de uma conta do Google. Se você já possui uma conta do Google, pode pular esta seção. Se não, siga os passos abaixo:

1. **Acesse a página de criação de conta do Google**: Vá para accounts.google.com e clique em "Criar conta".
2. **Preencha as informações necessárias**: Insira seu nome, sobrenome, endereço de e-mail desejado e senha. Siga as instruções na tela para completar o processo.
3. **Verifique sua conta**: O Google pode pedir para você verificar sua conta através de um código enviado para o seu telefone ou e-mail. Siga as instruções para concluir a verificação.

2.2 Passo a Passo para Configurar o Perfil

Com sua conta do Google pronta, você pode começar a configurar seu perfil no Google Meu Negócio. Siga estas etapas:

1. **Acesse o Google Meu Negócio**: Vá para business.google.com e faça login com sua conta do Google.

2. **Clique em "Adicionar sua empresa ao Google"**:
   Insira o nome da sua empresa e selecione a
   categoria que melhor descreve seu negócio.
3. **Preencha as informações essenciais**: Adicione o
   endereço físico da sua empresa, número de
   telefone e website (se aplicável).
4. **Escolha se deseja entregar produtos e serviços a
   clientes em sua localização**: Se você fornece
   serviços ou produtos diretamente aos clientes,
   selecione "Sim". Caso contrário, selecione "Não".
5. **Verificação da empresa**: O Google precisa
   verificar se a sua empresa realmente existe no
   endereço fornecido. Isso pode ser feito através de
   uma carta enviada pelo correio, telefone, e-mail ou
   métodos alternativos. Escolha o método de
   verificação preferido e siga as instruções.

2.3 Verificação da Empresa

A verificação é uma etapa crucial para garantir que sua
empresa esteja oficialmente registrada no Google Meu
Negócio. Aqui estão os métodos de verificação mais
comuns:

- **Carta pelo correio**: O Google enviará um cartão
  postal com um código de verificação para o
  endereço da sua empresa. Ao receber, faça login no
  Google Meu Negócio e insira o código.
- **Verificação por telefone**: Para algumas empresas,
  o Google oferece a opção de verificação por
  telefone. Selecione esta opção para receber um
  código de verificação por chamada ou SMS.
- **Verificação por e-mail**: Em certos casos, você
  pode verificar sua empresa por e-mail. O Google
  enviará um código de verificação para o endereço
  de e-mail associado à sua conta do Google.

- **Verificação instantânea**: Se você já tiver verificado seu site com o Google Search Console, pode haver uma opção de verificação instantânea.

Uma vez verificada, sua empresa aparecerá no Google Maps e na Pesquisa Google, permitindo que os clientes encontrem facilmente suas informações e interajam com seu perfil.

Capítulo 3: Preenchimento Completo do Perfil

3.1 Informações Essenciais (Nome, Endereço, Telefone)

Ter informações precisas e completas é crucial para garantir que os clientes possam encontrar e entrar em contato com sua empresa facilmente. Aqui estão os passos para adicionar essas informações:

- **Nome da Empresa**: Certifique-se de que o nome da sua empresa esteja correto e consistente com o que está listado em outros lugares online. Evite usar palavras-chave ou termos irrelevantes no nome da empresa.
- **Endereço**: Adicione o endereço físico da sua empresa exatamente como ele aparece em seu local físico. Isso ajuda a garantir que os clientes possam encontrá-lo facilmente.
- **Número de Telefone**: Insira um número de telefone que os clientes possam usar para entrar em contato com sua empresa. É recomendável usar um número que esteja vinculado diretamente à sua empresa.

3.2 Categorias e Atributos

Escolher a categoria correta e adicionar atributos relevantes pode ajudar a melhorar a visibilidade do seu perfil no Google. Veja como fazer isso:

- **Categorias**: Escolha a categoria que melhor descreve sua empresa. Você pode selecionar uma categoria principal e várias categorias adicionais. Isso ajuda o Google a entender melhor o que sua empresa oferece.
- **Atributos**: Adicione atributos específicos que descrevem os serviços ou comodidades que sua empresa oferece. Por exemplo, se sua empresa é acessível para cadeirantes ou oferece Wi-Fi gratuito, esses atributos podem ser adicionados ao seu perfil.

3.3 Adição de Horários de Funcionamento

Ter horários de funcionamento precisos é essencial para garantir que os clientes saibam quando sua empresa está aberta. Veja como configurar isso:

- **Horários Regulares**: Adicione os horários regulares de funcionamento da sua empresa. Certifique-se de que esses horários estejam corretos e atualizados.
- **Horários Especiais**: Adicione horários especiais para feriados ou eventos especiais. Isso ajuda a evitar confusões e garante que os clientes saibam quando sua empresa estará aberta ou fechada.

3.4 Descrição da Empresa

A descrição da empresa é uma oportunidade para você contar aos clientes sobre o que sua empresa faz e por que eles deveriam escolher você. Aqui estão algumas dicas para escrever uma descrição eficaz:

- **Seja Claro e Conciso**: Use uma linguagem clara e direta para descrever sua empresa. Evite jargões ou termos técnicos que possam confundir os clientes.
- **Use Palavras-Chave**: Inclua palavras-chave relevantes que descrevam seus serviços ou produtos. Isso pode ajudar a melhorar a visibilidade do seu perfil nas buscas do Google.
- **Destacar Diferenciais**: Enfatize o que torna sua empresa única. Isso pode incluir prêmios, certificações ou qualquer outro diferencial que você queira destacar.

3.5 Adição de URLs

Adicionar URLs ao seu perfil pode ajudar a direcionar os clientes para o seu site ou outras páginas importantes. Veja como fazer isso:

- **URL do Website**: Adicione a URL do seu website principal. Certifique-se de que o link esteja funcionando corretamente.
- **URLs Específicas**: Se aplicável, adicione URLs específicas para agendamentos online, menus (para restaurantes), ou outras páginas relevantes.

Conclusão

Ter um perfil do Google Meu Negócio completo e bem preenchido é essencial para garantir que os clientes possam encontrar todas as informações de que precisam sobre sua empresa. Ao seguir os passos descritos neste capítulo, você estará no caminho certo para criar um perfil que não apenas atraia clientes, mas também melhore a visibilidade da sua empresa nos resultados de pesquisa do Google.

Capítulo 4: Adição de Fotos e Vídeos

4.1 Tipos de Fotos

As fotos são uma parte crucial do seu perfil do Google Meu Negócio, pois ajudam a criar uma impressão visual da sua empresa para os clientes. Aqui estão os diferentes tipos de fotos que você deve considerar adicionar:

- **Fotos do Exterior**: Fotos da fachada da sua empresa ajudam os clientes a reconhecer sua localização quando visitarem pessoalmente.
- **Fotos do Interior**: Imagens do interior da sua empresa podem mostrar a atmosfera e o layout do seu espaço. Isso é especialmente importante para restaurantes, lojas e hotéis.
- **Fotos da Equipe**: Fotos de sua equipe ajudam a humanizar sua empresa e construir uma conexão com os clientes.
- **Fotos de Produtos**: Se sua empresa vende produtos, adicione fotos de alta qualidade desses itens. Isso pode ajudar a atrair clientes e aumentar as vendas.
- **Fotos 360°**: Fotos 360° permitem que os clientes façam um tour virtual pelo seu espaço. Essa é uma excelente maneira de mostrar todos os aspectos da sua empresa.

4.2 Importância das Fotos 360°

Fotos 360° são uma ferramenta poderosa para engajar os clientes e oferecer uma visão completa da sua empresa. Aqui estão alguns benefícios:

- **Experiência Imersiva**: Fotos 360° proporcionam uma experiência imersiva, permitindo que os clientes explorem sua empresa como se estivessem lá pessoalmente.
- **Melhor Engajamento**: Essas fotos tendem a ter um engajamento maior em comparação com fotos estáticas, pois os clientes podem interagir com elas.
- **Diferenciação da Concorrência**: Empresas que utilizam fotos 360° se destacam da concorrência, mostrando um compromisso com a transparência e a inovação.

4.3 Vídeos de Apresentação

Vídeos são uma excelente maneira de apresentar sua empresa e destacar aspectos importantes. Aqui estão algumas dicas para criar vídeos eficazes:

- **Vídeo de Boas-Vindas**: Crie um vídeo de boas-vindas que introduza sua empresa e seus serviços. Mantenha-o curto e direto ao ponto.
- **Tour Virtual**: Faça um tour virtual pelo seu espaço, mostrando as áreas principais e destacando os pontos fortes da sua empresa.
- **Depoimentos de Clientes**: Vídeos de depoimentos de clientes satisfeitos podem ser muito persuasivos e ajudar a construir confiança com novos clientes.

Conclusão

Adicionar fotos e vídeos de alta qualidade ao seu perfil do Google Meu Negócio é essencial para criar uma impressão positiva e atrair mais clientes. Certifique-se de atualizar suas fotos regularmente e adicionar novos vídeos conforme necessário para manter seu perfil interessante e atualizado.

Capítulo 5: Otimização de Descrições

5.1 Escrevendo uma Descrição Eficaz

A descrição da empresa no Google Meu Negócio é uma oportunidade para destacar o que faz sua empresa se destacar e atrair clientes em potencial. Aqui estão algumas dicas para escrever uma descrição eficaz:

- **Comece com um Gancho**: Inicie sua descrição com uma frase que chame a atenção e destaque o que torna sua empresa única.
- **Seja Claro e Conciso**: Use uma linguagem clara e direta. Evite jargões e termos técnicos que possam confundir os leitores.
- **Destaque seus Diferenciais**: Mencione prêmios, certificações, ou qualquer diferencial competitivo que você tenha.
- **Inclua Palavras-Chave**: Integre palavras-chave relevantes que descrevam seus serviços ou produtos para melhorar a visibilidade nas buscas do Google.
- **Atualize Regularmente**: Mantenha a descrição atualizada para refletir mudanças na sua empresa ou novos serviços oferecidos.

5.2 Uso de Palavras-Chave

Palavras-chave são essenciais para melhorar a visibilidade do seu perfil do Google Meu Negócio nos resultados de pesquisa. Aqui estão algumas dicas sobre como usar palavras-chave de forma eficaz:

- **Identifique Palavras-Chave Relevantes**: Use ferramentas de pesquisa de palavras-chave, como o Google Keyword Planner, para identificar termos que seus clientes em potencial estão procurando.
- **Integre Naturalmente**: Adicione palavras-chave de maneira natural na descrição da sua empresa. Evite o uso excessivo ou forçado.
- **Variedade de Palavras-Chave**: Use uma variedade de palavras-chave relacionadas aos seus produtos e serviços para cobrir diferentes termos de pesquisa.
- **Palavras-Chave de Localização**: Inclua palavras-chave específicas da localização para ajudar nas buscas locais. Por exemplo, "restaurante italiano em São Paulo".

5.3 Atualização Regular

Manter a descrição do seu perfil atualizada é crucial para garantir que as informações sejam precisas e relevantes. Aqui estão algumas práticas recomendadas:

- **Revisões Periódicas**: Faça uma revisão da descrição pelo menos uma vez a cada trimestre para garantir que ela esteja atualizada.
- **Novos Serviços e Produtos**: Sempre que adicionar novos serviços ou produtos, atualize a descrição para refletir essas mudanças.
- **Mudanças na Empresa**: Se houver mudanças significativas na sua empresa, como uma mudança de endereço ou rebranding, atualize a descrição imediatamente.

Conclusão

Uma descrição bem escrita e otimizada pode fazer uma grande diferença na forma como os clientes percebem sua empresa. Use as dicas e técnicas deste capítulo para criar uma descrição que não apenas informe, mas também atraia e envolva seus clientes em potencial.

Capítulo 6: Gestão de Avaliações e Feedback

6.1 Incentivo a Avaliações

As avaliações são uma parte crucial do Google Meu Negócio, pois ajudam a construir credibilidade e confiança com os clientes. Aqui estão algumas maneiras de incentivar os clientes a deixarem avaliações:

- **Peça Direto**: Após uma compra ou serviço, peça gentilmente aos clientes para deixarem uma avaliação. Isso pode ser feito pessoalmente, por e-mail ou SMS.
- **Facilite o Processo**: Forneça um link direto para a página de avaliações do seu perfil do Google Meu Negócio para tornar o processo mais fácil para os clientes.
- **Ofereça Incentivos**: Considere oferecer um pequeno desconto ou brinde para os clientes que deixarem uma avaliação. Certifique-se de seguir as políticas do Google sobre incentivos.

6.2 Resposta a Avaliações Positivas e Negativas

Responder a avaliações, sejam elas positivas ou negativas, mostra que você valoriza o feedback dos clientes e está comprometido com a melhoria contínua. Aqui estão algumas diretrizes:

- **Agradeça pelas Avaliações Positivas**: Mostre gratidão pelas avaliações positivas e destaque como você está feliz por ter atendido bem o cliente.
- **Lide com Avaliações Negativas com Calma**: Ao responder a avaliações negativas, mantenha a calma e seja profissional. Agradeça o feedback e ofereça uma solução para o problema mencionado.
- **Seja Rápido**: Tente responder às avaliações o mais rápido possível. Isso mostra que você está atento e valoriza o feedback dos clientes.

6.3 Gestão de Feedback Contínuo

Gerenciar o feedback de forma contínua ajuda a identificar áreas de melhoria e a manter um alto nível de satisfação do cliente. Aqui estão algumas estratégias:

- **Monitore Regularmente**: Verifique regularmente as avaliações e feedbacks para identificar tendências e áreas de melhoria.
- **Implementação de Melhorias**: Use o feedback para fazer melhorias em seus produtos, serviços e atendimento ao cliente.
- **Feedback Interno**: Compartilhe o feedback com sua equipe e discuta maneiras de melhorar continuamente.

Conclusão

A gestão eficaz de avaliações e feedback é essencial para construir uma reputação sólida e manter a confiança dos clientes. Use as estratégias deste capítulo para incentivar avaliações, responder de maneira eficaz e usar o feedback para aprimorar seus serviços.

Capítulo 7: Postagens no Google Meu Negócio

7.1 Tipos de Postagens

As postagens no Google Meu Negócio são uma excelente maneira de manter seus clientes informados e engajados. Existem diferentes tipos de postagens que você pode utilizar:

- **Ofertas**: Promova descontos e ofertas especiais para atrair clientes.
- **Eventos**: Informe os clientes sobre eventos futuros, como workshops, webinars ou promoções em loja.
- **Atualizações**: Compartilhe novidades sobre sua empresa, como lançamentos de novos produtos ou mudanças no horário de funcionamento.
- **Produtos**: Destaque produtos específicos com descrições detalhadas e imagens.

7.2 Frequência de Postagens

Manter uma frequência regular de postagens é importante para manter seu perfil ativo e engajar os clientes. Aqui estão algumas dicas:

- **Consistência**: Planeje e mantenha uma frequência regular de postagens. Uma postagem por semana é um bom ponto de partida.
- **Calendário de Conteúdo**: Crie um calendário de conteúdo para planejar suas postagens com antecedência.
- **Relevância**: Certifique-se de que cada postagem seja relevante e ofereça valor aos seus clientes.

7.3 Engajamento com o Público

Engajar com o público através das postagens no Google Meu Negócio pode aumentar a lealdade do cliente e promover sua empresa de forma mais eficaz. Veja como:

- **Convide à Ação**: Inclua chamadas à ação em suas postagens, como "Saiba Mais", "Compre Agora" ou "Participe".
- **Interaja com Comentários**: Responda aos comentários nas suas postagens para mostrar que você valoriza a opinião dos clientes.
- **Utilize Imagens e Vídeos**: Postagens com imagens e vídeos tendem a ter maior engajamento do que aquelas apenas com texto.

Conclusão

As postagens no Google Meu Negócio são uma ferramenta poderosa para manter seus clientes informados e engajados. Use os diferentes tipos de postagens, mantenha uma frequência regular e interaja com seu público para maximizar o impacto das suas comunicações.

Capítulo 8: Produtos e Serviços

8.1 Como Adicionar Produtos e Serviços

Adicionar produtos e serviços ao seu perfil do Google Meu Negócio pode ajudar a destacar o que sua empresa oferece e facilitar a decisão de compra dos clientes. Veja como fazer isso:

- **Acesse a Seção de Produtos/Serviços**: No painel do Google Meu Negócio, vá para a seção "Produtos" ou "Serviços".

* **Adicionar Produtos**: Insira o nome do produto, uma descrição detalhada, preço (se aplicável) e uma imagem de alta qualidade.
* **Adicionar Serviços**: Liste os serviços oferecidos, fornecendo descrições detalhadas e preços (se aplicável).

8.2 Detalhamento e Organização

Organizar e detalhar adequadamente seus produtos e serviços é essencial para uma boa experiência do usuário. Aqui estão algumas dicas:

* **Categorias**: Organize seus produtos e serviços em categorias para facilitar a navegação.
* **Descrições Claras**: Forneça descrições claras e detalhadas que expliquem o que é o produto ou serviço, seus benefícios e como ele pode ser adquirido.
* **Imagens de Qualidade**: Use imagens de alta qualidade que representem com precisão seus produtos e serviços.

8.3 Promoção de Produtos Específicos

Destacar produtos específicos pode ajudar a aumentar as vendas e atrair a atenção dos clientes. Aqui estão algumas estratégias:

* **Postagens Destacadas**: Use postagens no Google Meu Negócio para destacar produtos específicos, incluindo descrições e links diretos para compra.
* **Ofertas e Descontos**: Promova ofertas especiais e descontos para incentivar a compra de produtos específicos.

- **Avaliações de Produtos**: Incentive os clientes a deixar avaliações de produtos para aumentar a credibilidade e atrair mais compradores.

Conclusão

Adicionar e organizar produtos e serviços no seu perfil do Google Meu Negócio é uma excelente maneira de mostrar o que sua empresa oferece e facilitar a decisão de compra dos clientes. Use as dicas deste capítulo para detalhar e promover seus produtos e serviços de maneira eficaz.

Capítulo 9: SEO Local

9.1 O que é SEO Local?

SEO (Search Engine Optimization) local é o processo de otimizar sua presença online para atrair mais negócios de pesquisas locais relevantes. Veja como isso se aplica ao Google Meu Negócio:

- **Visibilidade**: SEO local ajuda sua empresa a aparecer nos resultados de pesquisa para consultas específicas de localização, como "restaurante perto de mim" ou "loja de eletrônicos em São Paulo".
- **Tráfego Local**: Melhora a visibilidade para clientes em potencial que estão próximos à sua localização, aumentando as chances de visitas físicas e vendas.
- **Relevância**: Garante que sua empresa seja relevante para as pesquisas realizadas na sua área geográfica.

9.2 Técnicas para Melhorar o SEO Local

Aqui estão algumas técnicas práticas para otimizar seu perfil do Google Meu Negócio para SEO local:

- **Palavras-Chave Locais**: Inclua palavras-chave relacionadas à localização em seu perfil e postagens, como o nome da cidade, bairro ou área específica.
- **Consistência de NAP (Nome, Endereço, Telefone)**: Certifique-se de que o nome, endereço e telefone da sua empresa estejam consistentes em todos os perfis online e diretórios locais.
- **Citações Locais**: Liste sua empresa em diretórios locais e sites de revisão, como Yelp, TripAdvisor, e outros que sejam relevantes para seu setor.
- **Backlinks Locais**: Construa backlinks de sites locais, como blogs da comunidade, câmaras de comércio e parceiros locais.

9.3 Importância das Citações Locais

Citações locais são menções do nome, endereço e número de telefone da sua empresa em outros sites. Elas são cruciais para SEO local por várias razões:

- **Credibilidade**: Citações em diretórios locais e sites de alta autoridade aumentam a credibilidade do seu perfil.
- **Relevância**: Quanto mais seu negócio é mencionado em fontes relevantes, maior a probabilidade de aparecer nos resultados de pesquisa local.
- **Consistência**: Manter as informações consistentes em todas as citações ajuda a evitar confusões e melhora a confiança do Google na precisão dos seus dados.

Conclusão

SEO local é uma parte essencial para garantir que sua empresa seja encontrada por clientes em potencial na sua área. Use as técnicas e estratégias mencionadas neste capítulo para melhorar a visibilidade local do seu perfil do Google Meu Negócio e atrair mais negócios da sua região.

Capítulo 10: Palavras-Chave e Conteúdo

10.1 Pesquisa de Palavras-Chave

A pesquisa de palavras-chave é o primeiro passo para otimizar seu perfil do Google Meu Negócio. Veja como realizar essa pesquisa de forma eficaz:

- **Ferramentas de Pesquisa**: Utilize ferramentas como Google Keyword Planner, SEMrush e Ahrefs para identificar palavras-chave relevantes para sua empresa.
- **Intenção de Pesquisa**: Entenda a intenção por trás das pesquisas dos clientes. O que eles estão procurando e como sua empresa pode atender a essas necessidades?
- **Palavras-Chave de Cauda Longa**: Foque em palavras-chave de cauda longa (frases mais específicas e detalhadas), que geralmente têm menos concorrência e são mais fáceis de classificar.

10.2 Integração de Palavras-Chave no Perfil

Integrar palavras-chave relevantes no seu perfil do Google Meu Negócio é essencial para melhorar sua visibilidade. Aqui estão algumas dicas:

- **Descrição da Empresa**: Inclua palavras-chave naturalmente na descrição da sua empresa.
- **Postagens**: Utilize palavras-chave nas postagens que você fizer no seu perfil.
- **Produtos e Serviços**: Certifique-se de que seus produtos e serviços listados no perfil contêm palavras-chave relevantes.

10.3 Criação de Conteúdo Relevante

Conteúdo de qualidade é fundamental para atrair e engajar clientes. Aqui estão algumas ideias para criar conteúdo relevante:

- **Blog**: Mantenha um blog no seu site onde você pode escrever sobre tópicos relacionados ao seu setor e localização. Compartilhe esses posts no seu perfil do Google Meu Negócio.
- **Guias e Tutoriais**: Crie guias e tutoriais úteis que podem ajudar seus clientes. Por exemplo, se você possui um restaurante, você pode criar um guia sobre como escolher o vinho certo para diferentes pratos.
- **Estudos de Caso e Testemunhos**: Compartilhe estudos de caso e testemunhos de clientes para mostrar como sua empresa ajudou outras pessoas.

Conclusão

A pesquisa e a integração de palavras-chave, juntamente com a criação de conteúdo relevante, são essenciais para melhorar a visibilidade do seu perfil do Google Meu Negócio. Use as estratégias deste capítulo para atrair mais clientes e manter seu perfil otimizado.

Capítulo 11: Backlinks e Parcerias

11.1 O que são Backlinks?

Backlinks são links de outros sites que apontam para o seu site. Eles são importantes para SEO por várias razões:

- **Autoridade**: Backlinks de sites de alta autoridade aumentam a credibilidade e a autoridade do seu site aos olhos do Google.
- **Tráfego de Referência**: Eles podem direcionar tráfego de qualidade para seu site, aumentando a chance de conversões.
- **Relevância**: Links de sites relevantes ao seu setor ou localização melhoram a relevância do seu site nas buscas.

11.2 Como Obter Backlinks de Qualidade

Obter backlinks de qualidade pode ser desafiador, mas aqui estão algumas estratégias eficazes:

- **Criação de Conteúdo de Qualidade**: Conteúdo informativo e útil é mais provável de ser linkado por outros sites.
- **Parcerias Locais**: Estabeleça parcerias com outras empresas locais para trocas de links.
- **Guest Blogging**: Escreva artigos para blogs relevantes em seu setor e inclua um link para seu site no perfil do autor.
- **Listagens em Diretórios**: Inscreva-se em diretórios de negócios locais e setores específicos.

11.3 Parcerias Estratégicas para SEO

Parcerias estratégicas podem ser uma excelente maneira de melhorar seu SEO e obter backlinks de qualidade. Aqui estão algumas ideias:

- **Colaborações com Influenciadores Locais**: Trabalhe com influenciadores locais para criar conteúdo ou promover sua empresa.
- **Eventos Locais**: Patrocine ou participe de eventos locais e peça para ser mencionado nos sites desses eventos.
- **Parcerias com Empresas Complementares**: Colabore com empresas que oferecem produtos ou serviços complementares para promover um ao outro.

Conclusão

Backlinks e parcerias são componentes essenciais de uma estratégia de SEO bem-sucedida. Use as estratégias deste capítulo para construir backlinks de qualidade e formar parcerias estratégicas que ajudarão a melhorar a visibilidade do seu perfil do Google Meu Negócio.

Capítulo 12: Análise de Competidores

12.1 Identificação de Competidores Locais

O primeiro passo para analisar seus competidores é identificá-los. Veja como fazer isso:

- **Pesquisas no Google**: Faça pesquisas no Google com palavras-chave relacionadas ao seu negócio para ver quais empresas aparecem nos resultados.
- **Ferramentas de Análise de Competidores**: Use ferramentas como SEMrush, Ahrefs e Moz para identificar competidores que estão bem posicionados para suas palavras-chave.
- **Mapeamento Local**: Verifique o Google Maps para identificar empresas locais que oferecem produtos ou serviços semelhantes.

12.2 Análise de Estratégias de SEO

Depois de identificar seus competidores, analise suas estratégias de SEO para entender o que estão fazendo certo e onde você pode melhorar. Aqui estão algumas áreas a focar:

- **Palavras-Chave**: Identifique as palavras-chave que seus competidores estão usando e como elas estão posicionadas.
- **Backlinks**: Analise os backlinks dos seus competidores para ver de onde eles estão obtendo links.
- **Conteúdo**: Veja que tipo de conteúdo seus competidores estão criando e quais são os mais populares.

12.3 Implementação de Melhorias

Com base na análise dos competidores, implemente melhorias na sua própria estratégia. Aqui estão algumas sugestões:

- **Otimização de Palavras-Chave**: Ajuste suas palavras-chave com base no que funciona para seus competidores.
- **Construção de Backlinks**: Busque oportunidades de backlinks semelhantes às dos seus competidores.
- **Criação de Conteúdo**: Inspire-se no conteúdo que seus competidores estão criando e procure fazer ainda melhor.

Conclusão

Analisar seus competidores pode fornecer insights valiosos que ajudam a melhorar sua própria estratégia de SEO. Use as técnicas deste capítulo para entender o que seus competidores estão fazendo e como você pode superar eles nos resultados de pesquisa.

Capítulo 13: Google Analytics e Relatórios

13.1 Configuração do Google Analytics

Google Analytics é uma ferramenta essencial para monitorar e analisar o desempenho do seu perfil no Google Meu Negócio. Aqui estão os passos para configurar o Google Analytics:

- **Crie uma Conta no Google Analytics**: Vá para Google Analytics e crie uma conta se você ainda não tiver uma.
- **Configure uma Propriedade**: Adicione sua empresa como uma nova propriedade no Google Analytics.
- **Configure uma Vista**: Crie uma vista para filtrar e organizar os dados da sua empresa.
- **Adicione o Código de Rastreamento**: Copie o código de rastreamento gerado pelo Google Analytics e adicione-o ao seu site.

13.2 Métricas Importantes para Acompanhar

Monitorar as métricas certas é crucial para entender o desempenho do seu perfil no Google Meu Negócio. Aqui estão algumas das principais métricas a acompanhar:

- **Visitas ao Perfil**: Número de visualizações do seu perfil no Google Meu Negócio.
- **Ações no Perfil**: Quantidade de ações realizadas pelos usuários, como cliques no botão de chamada, solicitações de rota e cliques no site.

- **Taxa de Cliques (CTR)**: Percentual de usuários que clicam no seu perfil após vê-lo nos resultados de pesquisa.
- **Avaliações e Classificações**: Número de avaliações recebidas e a classificação média.
- **Palavras-Chave**: Principais palavras-chave que estão levando os usuários ao seu perfil.

13.3 Como Interpretar Relatórios

Entender como interpretar os relatórios do Google Analytics é essencial para tomar decisões informadas. Veja como fazer isso:

- **Relatórios de Aquisição**: Veja de onde o tráfego está vindo, como buscas orgânicas, diretas, sociais e referenciadas.
- **Relatórios de Comportamento**: Analise como os usuários estão interagindo com seu perfil e site.
- **Relatórios de Conversão**: Acompanhe as metas e conversões para entender como os usuários estão completando ações valiosas no seu perfil.

Conclusão

Configurar e utilizar o Google Analytics é fundamental para monitorar o desempenho do seu perfil no Google Meu Negócio. Use as etapas e dicas deste capítulo para configurar corretamente o Google Analytics e interpretar os relatórios de maneira eficaz.

Capítulo 14: Google Search Console

14.1 Configuração e Utilização

O Google Search Console é uma ferramenta gratuita que ajuda você a monitorar e manter a presença do seu site nos resultados de pesquisa do Google. Aqui está como configurá-lo:

- **Adicione e Verifique seu Site**: Vá para Google Search Console e adicione sua propriedade (site). Verifique a propriedade através de um método recomendado pelo Google (arquivo HTML, tag HTML, Google Analytics, etc.).
- **Envie um Sitemap**: Envie um sitemap do seu site para ajudar o Google a rastrear e indexar suas páginas.

14.2 Ferramentas de Diagnóstico

O Google Search Console oferece várias ferramentas de diagnóstico que podem ajudar a melhorar o desempenho do seu site e perfil. Aqui estão algumas das principais:

- **Relatórios de Cobertura**: Verifique quais páginas do seu site foram indexadas pelo Google e identifique erros de rastreamento.
- **Desempenho**: Veja dados sobre cliques, impressões, CTR e posição média nos resultados de pesquisa.
- **Links**: Analise os links externos e internos que estão apontando para o seu site.
- **Usabilidade em Dispositivos Móveis**: Verifique problemas de usabilidade em dispositivos móveis que podem afetar a experiência do usuário.

14.3 Monitoramento de Desempenho

Monitorar o desempenho do seu site no Google Search Console é essencial para manter uma presença online saudável. Aqui estão algumas práticas recomendadas:

- **Verifique Regularmente**: Faça verificações regulares para identificar e corrigir problemas rapidamente.

- **Ações Manuais**: Monitore notificações de ações manuais que podem afetar a visibilidade do seu site.
- **Problemas de Segurança**: Verifique e resolva quaisquer problemas de segurança identificados pelo Google.

Conclusão

O Google Search Console é uma ferramenta poderosa para monitorar e manter a saúde do seu site nos resultados de pesquisa do Google. Use as ferramentas e práticas recomendadas neste capítulo para maximizar o desempenho do seu perfil e site.

Capítulo 15: Outras Ferramentas Essenciais

15.1 Ferramentas de SEO

Além do Google Analytics e Google Search Console, existem outras ferramentas que podem ajudar a melhorar seu SEO. Aqui estão algumas delas:

- **Moz**: Ferramenta completa de SEO que oferece análise de palavras-chave, auditorias de sites, construção de links e rastreamento de classificações.
- **Ahrefs**: Ferramenta poderosa para análise de backlinks, pesquisa de palavras-chave e monitoramento de concorrentes.
- **SEMrush**: Ferramenta de marketing digital que oferece pesquisa de palavras-chave, auditorias de sites, rastreamento de posição e análise de concorrentes.

15.2 Ferramentas de Gerenciamento de Avaliações

Gerenciar avaliações é crucial para manter uma boa reputação online. Aqui estão algumas ferramentas que podem ajudar:

- **BirdEye**: Plataforma de gestão de avaliações e reputação que ajuda a coletar, monitorar e responder a avaliações.
- **Reputation.com**: Ferramenta para gerenciar a reputação online, incluindo monitoramento de avaliações e feedback de clientes.
- **Yotpo**: Plataforma de marketing que oferece coleta e gerenciamento de avaliações de clientes.

15.3 Recursos de Design e Edição de Fotos

Imagens de alta qualidade são essenciais para um perfil atraente. Aqui estão algumas ferramentas de design e edição de fotos:

- **Canva**: Ferramenta de design gráfico fácil de usar para criar imagens profissionais.
- **Adobe Photoshop**: Software avançado de edição de fotos para criar e editar imagens de alta qualidade.
- **GIMP**: Software gratuito de edição de fotos que oferece muitas das mesmas funcionalidades do Photoshop.

Conclusão

Usar as ferramentas certas pode fazer uma grande diferença na eficácia da sua estratégia de SEO e na gestão do seu perfil do Google Meu Negócio. Explore as ferramentas recomendadas neste capítulo para otimizar seu desempenho e gerenciar sua presença online de forma mais eficiente.

Capítulo 16: Manutenção Regular do Perfil

16.1 Importância da Atualização Constante

Manter seu perfil do Google Meu Negócio atualizado é essencial para garantir que as informações fornecidas aos clientes sejam precisas e relevantes. Veja por que isso é importante:

- **Confiança do Cliente**: Informações precisas aumentam a confiança dos clientes na sua empresa.
- **SEO**: Perfis atualizados são mais valorizados pelo algoritmo do Google, melhorando sua visibilidade nos resultados de busca.
- **Engajamento**: Manter seu perfil atualizado com novidades e promoções pode aumentar o engajamento dos clientes.

16.2 Como Manter o Perfil Relevante

Aqui estão algumas práticas recomendadas para manter seu perfil do Google Meu Negócio relevante:

- **Atualizações Regulares**: Revise e atualize suas informações regularmente, incluindo horários de funcionamento, descrição da empresa, produtos e serviços.
- **Postagens Frequentes**: Publique atualizações, ofertas e eventos regularmente para manter seu perfil ativo e engajado.
- **Responda às Avaliações**: Mantenha-se ativo respondendo rapidamente às avaliações dos clientes, tanto positivas quanto negativas.

16.3 Monitoramento de Atividades

Monitorar as atividades no seu perfil é crucial para entender como os clientes estão interagindo com sua empresa. Veja como fazer isso:

- **Google Analytics**: Use o Google Analytics para monitorar o tráfego e as ações no seu perfil.
- **Google Meu Negócio Insights**: Utilize os insights fornecidos pelo Google Meu Negócio para acompanhar visualizações, pesquisas e ações dos clientes.
- **Feedback Direto**: Peça feedback diretamente aos clientes para entender melhor suas necessidades e expectativas.

Conclusão

Manter seu perfil do Google Meu Negócio atualizado e relevante é essencial para atrair e engajar clientes. Use as práticas recomendadas neste capítulo para garantir que seu perfil permaneça otimizado e eficaz.

Capítulo 17: Engajamento com a Comunidade

17.1 Participação em Eventos Locais

Participar de eventos locais pode aumentar a visibilidade da sua empresa e fortalecer seu relacionamento com a comunidade. Aqui estão algumas ideias:

- **Feiras e Exposições**: Participe de feiras e exposições locais relacionadas ao seu setor.
- **Patrocínios**: Patrocine eventos comunitários, como corridas de caridade, eventos escolares ou festivais locais.
- **Workshops e Seminários**: Organize workshops ou seminários para compartilhar seu conhecimento e atrair clientes em potencial.

17.2 Colaborações com Outras Empresas

Colaborar com outras empresas locais pode beneficiar ambas as partes. Veja como fazer isso:

- **Parcerias de Marketing**: Colabore em campanhas de marketing conjunto para aumentar a exposição de ambas as empresas.
- **Eventos Conjuntos**: Organize eventos em parceria com outras empresas para atrair mais participantes.
- **Ofertas Cruzadas**: Ofereça promoções ou descontos em conjunto com empresas complementares.

17.3 Engajamento em Redes Sociais

Engajar com a comunidade através das redes sociais pode aumentar sua visibilidade e atrair mais clientes. Aqui estão algumas dicas:

- **Postagens Regulares**: Publique regularmente sobre eventos, promoções e novidades da sua empresa.
- **Interação com Seguidores**: Responda a comentários, mensagens e avaliações dos seguidores.
- **Conteúdo Local**: Crie e compartilhe conteúdo relevante para a comunidade local, como notícias, eventos e histórias.

Conclusão

Engajar-se com a comunidade local é uma excelente maneira de aumentar a visibilidade da sua empresa e construir relacionamentos duradouros. Use as estratégias deste capítulo para fortalecer seu envolvimento comunitário e atrair mais clientes.

Capítulo 18: Análise de Resultados e Ajustes

18.1 Análise Periódica de Métricas

Realizar análises periódicas das métricas é crucial para entender o desempenho do seu perfil e identificar áreas de melhoria. Veja como fazer isso:

- **Relatórios Mensais**: Gere relatórios mensais para acompanhar o desempenho do seu perfil em termos de visualizações, cliques e ações dos clientes.
- **Comparação de Dados**: Compare os dados ao longo do tempo para identificar tendências e mudanças no comportamento dos clientes.
- **KPIs**: Defina e acompanhe indicadores-chave de desempenho (KPIs) que sejam relevantes para sua empresa.

18.2 Ajustes Estratégicos Baseados em Resultados

Com base na análise dos resultados, faça ajustes estratégicos para melhorar o desempenho do seu perfil. Aqui estão algumas sugestões:

- **Otimização de Conteúdo**: Ajuste as descrições, postagens e informações do perfil com base nos resultados das métricas.
- **Campanhas de Marketing**: Lance novas campanhas de marketing para abordar áreas de baixo desempenho.
- **Feedback dos Clientes**: Use o feedback dos clientes para identificar áreas de melhoria e implementar mudanças necessárias.

18.3 Continuidade no Aprendizado e Adaptação

O aprendizado contínuo e a adaptação são essenciais para manter uma presença online eficaz. Veja como se manter atualizado:

- **Tendências do Setor**: Acompanhe as tendências e mudanças no setor de marketing digital e SEO.
- **Cursos e Treinamentos**: Participe de cursos e treinamentos para aprimorar suas habilidades e conhecimentos.

- **Feedback Contínuo**: Solicite feedback regularmente
  para continuar melhorando seus serviços e estratégias.

Conclusão

Analisar regularmente os resultados e fazer ajustes
estratégicos é fundamental para o sucesso do seu perfil no
Google Meu Negócio. Use as práticas recomendadas neste
capítulo para garantir que sua empresa continue a crescer e
a se adaptar às mudanças do mercado.

Capítulo 19: Estudo de Caso: Pequena Empresa

19.1 Desafios e Estratégias Implementadas

Este estudo de caso examina uma pequena empresa local e
as estratégias que ela implementou para otimizar seu perfil
no Google Meu Negócio e aumentar sua visibilidade
online. A empresa em questão é uma padaria localizada
em um bairro movimentado. Aqui estão alguns dos
desafios que eles enfrentaram e as estratégias que
utilizaram:

- **Desafios**:
    - Baixa visibilidade online.
    - Poucas avaliações de clientes.
    - Dificuldade em atrair novos clientes.
- **Estratégias Implementadas**:
    - **Otimização do Perfil**: A padaria
      completou todas as informações no perfil
      do Google Meu Negócio, incluindo horário
      de funcionamento, fotos de alta qualidade
      do interior e exterior, e descrições
      detalhadas de produtos.
    - **Incentivo a Avaliações**: Eles começaram a
      pedir aos clientes satisfeitos para deixarem

avaliações no Google. Isso ajudou a aumentar a credibilidade e atrair novos clientes.

- o **Postagens Regulares**: A padaria começou a fazer postagens semanais sobre ofertas especiais, novos produtos e eventos. Isso manteve os clientes engajados e aumentou o tráfego para o perfil.

19.2 Resultados Alcançados

Após implementar as estratégias mencionadas, a padaria viu resultados significativos:

- **Aumento nas Visualizações do Perfil**: O número de visualizações do perfil no Google Meu Negócio aumentou em 50% em três meses.
- **Mais Avaliações e Melhor Classificação**: O número de avaliações aumentou de 10 para 50, com uma classificação média de 4,8 estrelas.
- **Aumento no Tráfego de Clientes**: A padaria reportou um aumento de 30% no tráfego de clientes, atribuível diretamente à melhoria da visibilidade online.

19.3 Lições Aprendidas

Aqui estão algumas lições importantes que podem ser aplicadas a outras pequenas empresas:

- **Completar o Perfil**: Certifique-se de que todas as informações no seu perfil do Google Meu Negócio estejam completas e precisas.
- **Incentivar Avaliações**: Avaliações são cruciais para construir credibilidade e atrair novos clientes.

Incentive seus clientes satisfeitos a deixarem feedback.
- **Postagens Regulares**: Mantenha seu perfil ativo com postagens regulares para engajar seus clientes e mantê-los informados sobre novidades e ofertas.

Capítulo 20: Estudo de Caso: Empresa de Médio Porte

20.1 Estratégias Específicas para Empresas Médias

Este estudo de caso foca em uma empresa de médio porte, uma clínica de fisioterapia, e as estratégias que eles utilizaram para otimizar seu perfil no Google Meu Negócio:

- **Desafios**:
  - Forte concorrência local.
  - Dificuldade em destacar-se nos resultados de pesquisa.
  - Necessidade de aumentar a fidelidade dos clientes.
- **Estratégias Implementadas**:
  - **SEO Local**: A clínica otimizou seu perfil com palavras-chave locais relevantes, como "fisioterapia em São Paulo".
  - **Fotos e Vídeos**: Eles adicionaram fotos de alta qualidade das instalações e vídeos de testemunhos de pacientes.
  - **Postagens Educativas**: Criaram postagens regulares sobre temas relacionados à fisioterapia, dicas de exercícios e saúde geral.

20.2 Resultados e Impacto

As estratégias implementadas pela clínica resultaram em:

- **Melhoria na Classificação de Pesquisa**: A clínica começou a aparecer nos primeiros resultados de pesquisa para palavras-chave relevantes.
- **Aumento nas Interações com o Perfil**: Houve um aumento de 40% nas interações com o perfil, como cliques no botão de chamada e solicitações de rota.
- **Maior Fidelidade dos Clientes**: Os pacientes relataram maior confiança e satisfação, resultando em um aumento na taxa de retorno.

20.3 Recomendações

Para empresas de médio porte, aqui estão algumas recomendações baseadas neste estudo de caso:

- **Foque em SEO Local**: Use palavras-chave locais para melhorar sua visibilidade nos resultados de pesquisa.
- **Use Conteúdo Visual**: Adicione fotos e vídeos de alta qualidade para tornar seu perfil mais atraente.
- **Eduque seu Público**: Crie postagens educativas para engajar e informar seus clientes.

Capítulo 21: Estudo de Caso: Grande Empresa

21.1 Complexidade e Abordagens Diferentes

Este estudo de caso analisa uma grande rede de academias e as abordagens que utilizaram para otimizar seus múltiplos perfis no Google Meu Negócio:

- **Desafios:**
  - Gestão de múltiplos locais.

- o Consistência nas informações entre diferentes perfis.
  - o Necessidade de uma estratégia de marketing coesa.
- **Estratégias Implementadas**:
  - o **Gerenciamento Centralizado**: A rede centralizou a gestão dos perfis no Google Meu Negócio para garantir consistência nas informações.
  - o **Campanhas de Avaliação**: Implementaram campanhas para incentivar avaliações em todos os locais.
  - o **Promoções Coordenadas**: Criaram promoções e eventos coordenados que foram divulgados simultaneamente em todos os perfis.

21.2 Resultados e Benefícios

Os resultados dessas estratégias incluíram:

- **Maior Consistência**: Informações consistentes em todos os perfis, aumentando a confiança dos clientes.
- **Aumento nas Avaliações**: Houve um aumento significativo nas avaliações em todos os locais, com uma média de 4,5 estrelas.
- **Melhor Coordenação de Marketing**: As promoções coordenadas resultaram em maior engajamento e aumento nas matrículas.

21.3 Sugestões para Grandes Empresas

Baseado neste estudo de caso, aqui estão algumas sugestões para grandes empresas:

- **Centralize a Gestão dos Perfis**: Use uma abordagem centralizada para manter a consistência nas informações.
- **Incentive Avaliações em Todos os Locais**: Promova campanhas de avaliação para todos os seus locais.
- **Coordene Promoções e Eventos**: Planeje e execute promoções e eventos de forma coordenada para maximizar o impacto.

Capítulo 22: Marketing de Conteúdo

22.1 Criação de Blogs e Artigos

O marketing de conteúdo é uma estratégia poderosa para atrair e engajar clientes. Veja como você pode usar blogs e artigos para promover seu perfil do Google Meu Negócio:

- **Escolha de Tópicos**: Selecione tópicos relevantes que interessem ao seu público-alvo. Por exemplo, uma clínica de saúde pode escrever sobre dicas de bem-estar e saúde preventiva.
- **SEO**: Integre palavras-chave relevantes no conteúdo para melhorar a visibilidade nos motores de busca.
- **Regularidade**: Publique artigos regularmente para manter o blog ativo e atrair visitantes constantes.

22.2 Integração de Marketing de Conteúdo com Google Meu Negócio

Integrar o marketing de conteúdo com seu perfil do Google Meu Negócio pode amplificar seu alcance. Aqui estão algumas maneiras de fazer isso:

- **Compartilhe Postagens**: Compartilhe postagens de blog e artigos diretamente no seu perfil do Google Meu Negócio.
- **Links Internos**: Inclua links para o seu perfil do Google Meu Negócio nos artigos do blog para direcionar tráfego.
- **Conteúdo Visual**: Use imagens e infográficos nos artigos e compartilhe-os no Google Meu Negócio.

22.3 Exemplos de Sucesso

Aqui estão alguns exemplos de sucesso de empresas que usaram marketing de conteúdo para melhorar seu desempenho no Google Meu Negócio:

- **Restaurante Local**: Um restaurante começou a publicar receitas e dicas de culinária no blog, aumentando o engajamento e atraindo mais clientes.
- **Loja de Roupas**: Uma loja de roupas usou artigos de moda e dicas de estilo para atrair tráfego para seu perfil e aumentar as vendas.

Conclusão

O marketing de conteúdo é uma ferramenta poderosa para melhorar a visibilidade e engajamento do seu perfil do Google Meu Negócio. Use as estratégias deste capítulo para criar e integrar conteúdo de qualidade que atraia e retenha clientes.

Capítulo 23: Redes Sociais e Google Meu Negócio

23.1 Sinergia entre Redes Sociais e Google Meu Negócio

As redes sociais podem complementar e amplificar sua presença no Google Meu Negócio. Veja como criar sinergia entre as duas plataformas:

- **Postagens Cruzadas**: Compartilhe conteúdo do Google Meu Negócio nas suas redes sociais e vice-versa.
- **Links Diretos**: Inclua links para o seu perfil do Google Meu Negócio nas biografias das redes sociais.
- **Engajamento**: Use redes sociais para engajar com seu público e direcioná-los ao seu perfil do Google Meu Negócio.

23.2 Estratégias de Cross-Promotion

Cross-promotion pode aumentar o alcance do seu conteúdo e atrair mais clientes. Aqui estão algumas estratégias:

- **Campanhas Conjuntas**: Lance campanhas promocionais que incluam conteúdo tanto no Google Meu Negócio quanto nas redes sociais.
- **Parcerias com Influenciadores**: Colabore com influenciadores para promover sua empresa nas redes sociais e no Google Meu Negócio.
- **Concursos e Sorteios**: Realize concursos e sorteios que incentivem os seguidores a interagir tanto nas redes sociais quanto no Google Meu Negócio.

23.3 Casos Práticos

Aqui estão alguns casos práticos de empresas que usaram redes sociais para melhorar sua presença no Google Meu Negócio:

- **Café Local**: Um café local usou Instagram para compartilhar fotos de suas bebidas e eventos, direcionando seguidores para avaliações no Google Meu Negócio.
- **Consultoria de Negócios**: Uma consultoria de negócios usou LinkedIn para compartilhar estudos de caso e artigos, aumentando a credibilidade e atraindo novos clientes para seu perfil do Google Meu Negócio.

Conclusão

Integrar suas estratégias de redes sociais com o Google Meu Negócio pode amplificar sua presença online e atrair mais clientes. Use as estratégias deste capítulo para criar uma sinergia eficaz entre as duas plataformas.

Capítulo 24: Publicidade Paga (Google Ads)

24.1 Fundamentos do Google Ads

Google Ads é uma plataforma poderosa que permite que você promova seu perfil do Google Meu Negócio diretamente nos resultados de busca do Google. Veja os fundamentos:

- **Tipos de Anúncios**: Explore diferentes tipos de anúncios, como anúncios de pesquisa, display e local.
- **Segmentação**: Use segmentação por localização, palavras-chave e dados demográficos para alcançar seu público-alvo.
- **Orçamento e Lances**: Defina um orçamento diário e estratégias de lances para controlar seus gastos.

24.2 Como Utilizar Anúncios para Complementar o Google Meu Negócio

Os anúncios do Google Ads podem complementar seu perfil do Google Meu Negócio de várias maneiras:

- **Anúncios Locais**: Promova sua empresa localmente para atrair clientes próximos à sua localização.
- **Promoções e Ofertas**: Use anúncios para destacar promoções e ofertas especiais, direcionando os usuários para seu perfil do Google Meu Negócio.
- **Aumento de Avaliações**: Incentive avaliações através de campanhas específicas que direcionem clientes satisfeitos ao seu perfil para deixar feedback.

24.3 Medição de Resultados

Medir os resultados das suas campanhas no Google Ads é crucial para otimizar seu retorno sobre o investimento (ROI). Aqui estão algumas métricas importantes:

- **Impressões e Cliques**: Acompanhe quantas vezes seus anúncios foram exibidos e clicados.
- **CTR (Taxa de Cliques)**: Calcule a taxa de cliques para entender a eficácia dos seus anúncios.
- **Conversões**: Monitore as conversões para saber quantas ações valiosas (como chamadas ou visitas ao site) foram geradas pelos anúncios.

Conclusão

Usar o Google Ads para promover seu perfil do Google Meu Negócio pode aumentar significativamente sua visibilidade e atrair mais clientes. Use as estratégias e práticas recomendadas deste capítulo para maximizar o impacto das suas campanhas de publicidade paga.

Capítulo 25: Email Marketing

25.1 Integração do Email Marketing com Google Meu Negócio

O email marketing é uma ferramenta poderosa para engajar clientes e promover sua empresa. Veja como integrá-lo com seu perfil do Google Meu Negócio:

- **Coleta de Emails**: Utilize o perfil do Google Meu Negócio para incentivar os clientes a se inscreverem na sua lista de emails.
- **Newsletters**: Envie newsletters regulares destacando novidades, ofertas especiais e eventos listados no Google Meu Negócio.
- **Promoções Exclusivas**: Ofereça promoções exclusivas para os assinantes de email, incentivando-os a visitar e interagir com seu perfil.

25.2 Estratégias para Captação de Leads

Captar leads é essencial para construir uma lista de emails robusta. Aqui estão algumas estratégias:

- **Formulários de Inscrição**: Adicione formulários de inscrição no seu site e perfil do Google Meu Negócio.
- **Ofertas de Incentivo**: Ofereça um incentivo, como um desconto ou brinde, para incentivar os clientes a se inscreverem na sua lista de emails.
- **Eventos e Webinars**: Organize eventos ou webinars e colete emails dos participantes para futuras campanhas.

25.3 Exemplos de Campanhas Bem-Sucedidas

Aqui estão alguns exemplos de campanhas de email marketing bem-sucedidas:

- **Lançamento de Produtos**: Uma loja de eletrônicos enviou emails anunciando o lançamento de um novo produto, direcionando os clientes para avaliações no Google Meu Negócio.
- **Promoções Sazonais**: Um restaurante enviou campanhas de email durante feriados, oferecendo descontos especiais para os assinantes.
- **Feedback e Avaliações**: Uma clínica de saúde enviou emails solicitando feedback e avaliações no Google Meu Negócio, aumentando a quantidade de avaliações positivas.

Conclusão

Integrar o email marketing com seu perfil do Google Meu Negócio pode aumentar o engajamento e atrair mais clientes. Use as estratégias deste capítulo para captar leads e criar campanhas de email marketing eficazes.

Capítulo 26: Marketing de Influência

26.1 Parcerias com Influenciadores Locais

Colaborar com influenciadores locais pode aumentar a visibilidade da sua empresa e atrair mais clientes. Veja como fazer isso:

- **Identificação de Influenciadores**: Encontre influenciadores locais que sejam relevantes para o seu setor.

- **Propostas de Parceria**: Aborde influenciadores com propostas de parceria que beneficiem ambas as partes.
- **Campanhas de Influência**: Crie campanhas de influência que promovam sua empresa no Google Meu Negócio.

26.2 Impacto no Google Meu Negócio

As parcerias com influenciadores podem impactar positivamente seu perfil do Google Meu Negócio de várias maneiras:

- **Aumento de Avaliações**: Incentive os influenciadores a pedirem a seus seguidores que deixem avaliações no seu perfil.
- **Engajamento**: Influenciadores podem direcionar tráfego e engajamento para seu perfil do Google Meu Negócio.
- **Promoções**: Use influenciadores para promover ofertas e eventos exclusivos listados no Google Meu Negócio.

26.3 Exemplos e Dicas

Aqui estão alguns exemplos e dicas para campanhas de marketing de influência:

- **Restaurante Local**: Um restaurante fez parceria com influenciadores de comida para promover novas adições ao menu, resultando em um aumento de tráfego e avaliações no Google Meu Negócio.
- **Loja de Moda**: Uma loja de moda colaborou com influenciadores de estilo para lançar uma coleção sazonal, aumentando as vendas e o engajamento online.

- **Serviço de Beleza**: Um salão de beleza trabalhou com influenciadores de beleza para promover serviços especiais, atraindo novos clientes e avaliações positivas.

Conclusão

O marketing de influência pode ser uma ferramenta poderosa para aumentar a visibilidade e o engajamento do seu perfil do Google Meu Negócio. Use as estratégias deste capítulo para identificar influenciadores relevantes e criar campanhas de sucesso.

Capítulo 27: Escalando Sua Presença Online

27.1 Expansão para Novas Localidades

Expandir sua presença online para novas localidades pode aumentar significativamente o alcance da sua empresa. Veja como fazer isso:

- **Perfis Multiplicados**: Crie perfis do Google Meu Negócio para cada nova localização da sua empresa.
- **Consistência de Marca**: Mantenha a consistência de marca em todos os perfis, garantindo que as informações e a aparência sejam uniformes.
- **Promoções Locais**: Realize promoções específicas para cada localização, adaptando as ofertas às preferências locais.

27.2 Gestão de Múltiplos Perfis

Gerenciar múltiplos perfis do Google Meu Negócio pode ser desafiador, mas com as ferramentas certas, você pode simplificar o processo:

- **Plataformas de Gestão**: Use plataformas de gestão de perfis, como Hootsuite ou Sprout Social, para gerenciar todos os seus perfis em um único lugar.
- **Atualizações Simultâneas**: Faça atualizações simultâneas em todos os perfis para garantir que todas as informações estejam atualizadas.
- **Análise de Dados**: Monitore o desempenho de cada perfil separadamente e ajuste as estratégias conforme necessário.

27.3 Estratégias de Crescimento

Aqui estão algumas estratégias para escalar sua presença online de forma eficaz:

- **SEO Local**: Continue a investir em SEO local para cada nova localização, garantindo que cada perfil esteja otimizado para buscas locais.
- **Marketing de Conteúdo**: Crie conteúdo específico para cada localização, abordando tópicos e interesses locais.
- **Feedback dos Clientes**: Solicite feedback dos clientes em cada nova localização para entender melhor suas necessidades e ajustar suas estratégias.

Conclusão

Escalar sua presença online para novas localidades pode aumentar significativamente o alcance e o sucesso da sua empresa. Use as estratégias deste capítulo para gerenciar múltiplos perfis do Google Meu Negócio e expandir sua presença de forma eficaz.

Capítulo 28: Gestão de Equipes e Recursos

28.1 Formação e Treinamento de Equipe

A formação e o treinamento de uma equipe eficiente são cruciais para o sucesso da sua presença no Google Meu Negócio. Veja como fazer isso:

- **Contratação**: Contrate profissionais qualificados que tenham experiência em marketing digital e gestão de perfis online.
- **Treinamento Contínuo**: Ofereça treinamento contínuo para sua equipe sobre as melhores práticas de SEO, marketing de conteúdo e gestão de perfis do Google Meu Negócio.
- **Ferramentas e Recursos**: Forneça à sua equipe as ferramentas e recursos necessários para gerenciar os perfis de forma eficaz.

28.2 Ferramentas de Gestão de Equipes

Existem várias ferramentas que podem ajudar a gerenciar sua equipe e recursos de forma eficiente:

- **Software de Gestão de Projetos**: Use software de gestão de projetos, como Trello ou Asana, para organizar tarefas e acompanhar o progresso.
- **Comunicação Interna**: Ferramentas de comunicação interna, como Slack, podem melhorar a colaboração e a comunicação dentro da equipe.
- **Monitoramento de Desempenho**: Utilize ferramentas de monitoramento de desempenho, como Google Analytics e Google Meu Negócio Insights, para avaliar a eficácia das estratégias implementadas.

28.3 Delegação de Responsabilidades

Delegar responsabilidades de forma eficaz pode melhorar a eficiência e garantir que todas as áreas do perfil do Google Meu Negócio sejam bem gerenciadas:

- **Divisão de Tarefas**: Divida as tarefas entre os membros da equipe com base em suas habilidades e áreas de especialização.
- **Responsabilidades Claras**: Defina responsabilidades claras para cada membro da equipe, garantindo que todos saibam suas funções e expectativas.
- **Revisões Regulares**: Realize revisões regulares do trabalho da equipe para garantir que todas as tarefas estejam sendo cumpridas de acordo com os padrões estabelecidos.

Conclusão

Uma equipe bem treinada e organizada é essencial para gerenciar com sucesso seu perfil do Google Meu Negócio. Use as estratégias deste capítulo para formar, treinar e gerenciar sua equipe de maneira eficaz, garantindo que todas as áreas do perfil estejam bem atendidas.

Capítulo 29: Tendências Futuras

29.1 Tecnologias Emergentes

Ficar atento às tecnologias emergentes pode ajudar sua empresa a se manter competitiva. Aqui estão algumas tecnologias a serem observadas:

- **Inteligência Artificial (IA)**: Use IA para personalizar as interações com os clientes e automatizar tarefas repetitivas.

- **Realidade Aumentada (AR)**: Incorpore AR para oferecer experiências interativas, como visualizações de produtos em 3D.
- **Chatbots**: Utilize chatbots para melhorar o atendimento ao cliente e responder rapidamente a perguntas comuns.

29.2 Futuro do SEO e Marketing Digital

O SEO e o marketing digital estão em constante evolução. Aqui estão algumas tendências futuras a serem consideradas:

- **Busca por Voz**: Com o aumento dos assistentes de voz, como Alexa e Google Assistant, otimize seu conteúdo para buscas por voz.
- **Vídeos Curtos**: A popularidade de vídeos curtos, como os do TikTok, está crescendo. Considere criar conteúdo de vídeo curto para engajar seu público.
- **Personalização**: A personalização do conteúdo e das ofertas se tornará cada vez mais importante para atrair e reter clientes.

29.3 Preparação para Mudanças

Preparar-se para mudanças futuras pode ajudar sua empresa a se adaptar rapidamente e manter a competitividade:

- **Monitoramento de Tendências**: Monitore regularmente as tendências do setor para se manter atualizado sobre novas oportunidades e desafios.
- **Flexibilidade**: Mantenha sua estratégia de marketing flexível para que você possa ajustar rapidamente às mudanças no mercado.

- **Investimento em Inovação**: Invista em inovação e novas tecnologias para se manter à frente da concorrência.

Conclusão

Estar atento às tendências futuras e tecnologias emergentes é essencial para garantir que sua empresa continue a crescer e a se adaptar às mudanças do mercado. Use as estratégias deste capítulo para se preparar para o futuro do SEO e do marketing digital.

Capítulo 30: Resumo e Reflexões Finais

30.1 Recapitulação dos Pontos Principais

Ao longo deste livro, exploramos diversas estratégias e práticas recomendadas para otimizar seu perfil do Google Meu Negócio. Aqui está uma recapitulação dos pontos principais:

- **Configuração Inicial**: A importância de configurar corretamente seu perfil com informações completas e precisas.
- **Otimização de Perfil**: Técnicas para otimizar seu perfil, incluindo uso de palavras-chave, fotos e vídeos.
- **SEO Local**: Estratégias para melhorar seu SEO local e aumentar a visibilidade nos resultados de pesquisa.
- **Engajamento e Feedback**: A importância de gerenciar avaliações e engajar com a comunidade.
- **Ferramentas e Recursos**: Utilização de ferramentas como Google Analytics, Google Search Console e plataformas de gestão de perfis.

- **Marketing Integrado**: Integração de marketing de conteúdo, redes sociais e email marketing com seu perfil do Google Meu Negócio.

30.2 Reflexão sobre a Jornada

Otimizando seu perfil do Google Meu Negócio, você pode aumentar significativamente a visibilidade da sua empresa, atrair mais clientes e melhorar a satisfação do cliente. Refletir sobre esta jornada é essencial para entender o impacto dessas estratégias no sucesso do seu negócio.

30.3 Encerramento Motivacional

A otimização do seu perfil do Google Meu Negócio é uma jornada contínua que requer dedicação e adaptação constante. Lembre-se de que cada passo que você dá para melhorar seu perfil é um passo em direção ao sucesso. Continue aprendendo, adaptando e inovando para garantir que sua empresa se destaque no mercado.

Capítulo 31: Impacto da Mobile-Friendly no Google Meu Negócio

31.1 Importância de Ser Mobile-Friendly

Em um mundo cada vez mais digital, ter um perfil do Google Meu Negócio que seja amigável para dispositivos móveis é crucial. Veja por que isso é importante:

- **Acessibilidade**: A maioria dos usuários acessa informações sobre empresas em seus dispositivos móveis. Um perfil mobile-friendly garante que essas informações sejam facilmente acessíveis.
- **Experiência do Usuário**: Uma boa experiência do usuário em dispositivos móveis pode aumentar a

satisfação do cliente e a probabilidade de interações positivas.
- **SEO**: O Google prioriza sites e perfis que são otimizados para dispositivos móveis, o que pode melhorar seu ranking nos resultados de busca.

31.2 Como Tornar Seu Perfil Mobile-Friendly

Aqui estão algumas dicas para garantir que seu perfil do Google Meu Negócio seja amigável para dispositivos móveis:

- **Layout Responsivo**: Certifique-se de que seu site e perfil tenham um design responsivo que se adapte a diferentes tamanhos de tela.
- **Imagens Otimizadas**: Use imagens de alta qualidade que carreguem rapidamente em dispositivos móveis.
- **Navegação Simples**: Mantenha a navegação simples e intuitiva para facilitar o acesso às informações importantes.

31.3 Ferramentas para Testar Mobile-Friendly

Existem várias ferramentas que você pode usar para testar se seu perfil do Google Meu Negócio é amigável para dispositivos móveis:

- **Google Mobile-Friendly Test**: Ferramenta gratuita do Google que verifica se seu site ou perfil é otimizado para dispositivos móveis.
- **PageSpeed Insights**: Ferramenta do Google que analisa a velocidade de carregamento do seu site em dispositivos móveis e oferece sugestões de melhoria.

- **Responsinator**: Ferramenta que permite visualizar como seu site aparece em diferentes dispositivos móveis.

Conclusão

Garantir que seu perfil do Google Meu Negócio seja amigável para dispositivos móveis é essencial para alcançar e engajar mais clientes. Use as dicas e ferramentas deste capítulo para otimizar seu perfil e melhorar a experiência do usuário em dispositivos móveis.

Capítulo 32: Utilização de Google Street View para Negócios

32.1 Benefícios do Google Street View

O Google Street View oferece uma visão panorâmica de 360 graus da sua empresa, o que pode proporcionar vários benefícios:

- **Visibilidade**: Ajuda os clientes a visualizarem sua localização e ambiente antes de visitarem.
- **Credibilidade**: Aumenta a confiança dos clientes ao mostrar que sua empresa é real e bem-estabelecida.
- **Engajamento**: Imagens interativas podem aumentar o engajamento e o tempo que os clientes passam visualizando seu perfil.

32.2 Como Configurar Google Street View

Para configurar o Google Street View para sua empresa, siga estes passos:

- **Contrate um Fotógrafo Credenciado**: Encontre um fotógrafo credenciado pelo Google para tirar fotos de 360 graus do seu negócio.
- **Agende uma Sessão de Fotos**: Marque uma data para que o fotógrafo capture as imagens do interior e exterior da sua empresa.
- **Envio e Publicação**: Após a sessão de fotos, o fotógrafo enviará as imagens para o Google, onde serão processadas e adicionadas ao seu perfil do Google Meu Negócio.

32.3 Otimização de Imagens de Street View

Aqui estão algumas dicas para otimizar suas imagens de Google Street View:

- **Ambiente Limpo e Organizado**: Certifique-se de que seu espaço esteja limpo e organizado antes da sessão de fotos.
- **Iluminação Adequada**: Garanta que a iluminação seja adequada para capturar imagens claras e atraentes.
- **Destaque Áreas Importantes**: Foque em áreas que destacam os pontos fortes da sua empresa, como a entrada, áreas de serviço e produtos.

Conclusão

O Google Street View é uma ferramenta poderosa para aumentar a visibilidade e credibilidade da sua empresa. Use as estratégias deste capítulo para configurar e otimizar o Google Street View para seu negócio.

Capítulo 33: Importância da Navegabilidade e UX no Perfil do Google Meu Negócio

33.1 Conceitos de Navegabilidade e UX

A navegabilidade e a experiência do usuário (UX) são
aspectos cruciais para garantir que os visitantes do seu
perfil do Google Meu Negócio tenham uma experiência
positiva. Aqui estão os conceitos principais:

- **Navegabilidade**: Refere-se à facilidade com que
  os usuários podem encontrar as informações que
  procuram.
- **Experiência do Usuário (UX)**: Engloba todos os
  aspectos da interação do usuário com sua empresa,
  incluindo design, usabilidade e acessibilidade.

33.2 Melhorando a Navegabilidade

Para melhorar a navegabilidade do seu perfil, siga estas
práticas:

- **Informações Claras e Concisas**: Certifique-se de
  que as informações essenciais, como horário de
  funcionamento, endereço e contatos, sejam fáceis
  de encontrar.
- **Organização Lógica**: Organize as informações de
  maneira lógica e intuitiva, facilitando a navegação
  para os usuários.
- **Links Úteis**: Adicione links úteis que direcionem
  os usuários para mais informações, como seu site
  oficial, menu (para restaurantes) ou produtos e
  serviços.

33.3 Otimizando a Experiência do Usuário (UX)

Melhorar a UX do seu perfil pode aumentar a satisfação
dos clientes e a probabilidade de conversões. Aqui estão
algumas dicas:

- **Design Atraente**: Use imagens de alta qualidade e um layout atraente para capturar a atenção dos visitantes.
- **Carregamento Rápido**: Certifique-se de que seu perfil e site carreguem rapidamente para evitar frustração dos usuários.
- **Feedback do Usuário**: Colete e analise o feedback dos usuários para identificar áreas de melhoria na UX.

Conclusão

Melhorar a navegabilidade e a UX do seu perfil do Google Meu Negócio pode aumentar a satisfação dos clientes e as interações positivas. Use as práticas recomendadas deste capítulo para otimizar a experiência dos visitantes do seu perfil.

Capítulo 34: Personalização do Atendimento ao Cliente através do Google Meu Negócio

34.1 Importância da Personalização

A personalização do atendimento ao cliente pode criar uma experiência mais envolvente e satisfatória para os clientes. Veja por que é importante:

- **Conexão Pessoal**: Personalizar o atendimento cria uma conexão pessoal com os clientes, aumentando a lealdade e a satisfação.
- **Relevância**: A personalização torna a comunicação mais relevante para cada cliente, aumentando a eficácia das suas interações.

34.2 Estratégias de Personalização

Aqui estão algumas estratégias para personalizar o atendimento ao cliente através do Google Meu Negócio:

- **Respostas Personalizadas**: Personalize as respostas às avaliações e perguntas dos clientes, mencionando detalhes específicos para cada caso.
- **Ofertas Personalizadas**: Use postagens no Google Meu Negócio para compartilhar ofertas e promoções personalizadas com base nos interesses e comportamentos dos clientes.
- **Interação Direta**: Incentive a interação direta com os clientes, respondendo rapidamente a comentários e mensagens.

34.3 Ferramentas de Personalização

Existem várias ferramentas que podem ajudar a personalizar o atendimento ao cliente:

- **Chatbots**: Utilize chatbots para oferecer atendimento personalizado e imediato aos clientes.
- **CRM**: Use sistemas de gerenciamento de relacionamento com o cliente (CRM) para rastrear interações e personalizar futuras comunicações.
- **Análise de Dados**: Analise os dados de comportamento dos clientes para identificar oportunidades de personalização.

Conclusão

A personalização do atendimento ao cliente pode melhorar significativamente a experiência do cliente e aumentar a lealdade. Use as estratégias e ferramentas deste capítulo para oferecer um atendimento mais personalizado e eficaz através do Google Meu Negócio.

Capítulo 35: Adaptação às Mudanças de Algoritmo do Google

35.1 Entendendo as Mudanças de Algoritmo

Os algoritmos do Google estão em constante evolução, e entender essas mudanças é crucial para manter seu perfil do Google Meu Negócio otimizado. Veja como:

- **Atualizações Frequentes**: O Google lança atualizações regulares para melhorar a relevância e a qualidade dos resultados de busca.
- **Impacto nas Classificações**: Essas mudanças podem afetar a visibilidade do seu perfil nos resultados de busca.

35.2 Monitoramento de Mudanças de Algoritmo

Aqui estão algumas maneiras de monitorar mudanças de algoritmo do Google:

- **Ferramentas de SEO**: Use ferramentas como Moz, SEMrush e Ahrefs para acompanhar as atualizações de algoritmo e seus impactos.
- **Blogs de SEO**: Siga blogs e sites especializados em SEO, como Search Engine Journal e Moz Blog, para se manter informado sobre as mudanças.
- **Análises de Desempenho**: Monitore regularmente o desempenho do seu perfil no Google Meu Negócio para identificar quaisquer flutuações que possam estar relacionadas a mudanças de algoritmo.

35.3 Adaptação às Mudanças

Adapte sua estratégia para manter-se alinhado com as mudanças de algoritmo do Google. Aqui estão algumas dicas:

- **Foco na Qualidade**: Concentre-se na criação de conteúdo de alta qualidade e relevante que atenda às necessidades dos usuários.
- **Otimização Contínua**: Faça ajustes contínuos na otimização do seu perfil, incluindo palavras-chave, descrições e postagens.
- **Feedback e Avaliações**: Incentive feedback e avaliações dos clientes para melhorar a reputação e a relevância do seu perfil.

Conclusão

Adaptar-se às mudanças de algoritmo do Google é essencial para manter a visibilidade e a eficácia do seu perfil do Google Meu Negócio. Use as estratégias deste capítulo para monitorar e adaptar-se às atualizações de algoritmo.

Capítulo 36: Como Gerar Engajamento através de Perguntas e Respostas no Google Meu Negócio

36.1 Importância das Perguntas e Respostas

A seção de perguntas e respostas do Google Meu Negócio é uma ferramenta poderosa para engajar os clientes e fornecer informações úteis. Veja por que é importante:

- **Transparência**: Permite que os clientes façam perguntas e obtenham respostas públicas, aumentando a transparência.

- **Informação Rápida**: Oferece uma maneira rápida
  para os clientes obterem respostas a perguntas
  comuns.

36.2 Estratégias para Gerar Engajamento

Aqui estão algumas estratégias para usar a seção de
perguntas e respostas para gerar engajamento:

- **Responda Rapidamente**: Responda rapidamente
  às perguntas dos clientes para mostrar que você
  valoriza o feedback deles.
- **Seja Informativo**: Forneça respostas detalhadas e
  informativas que possam ajudar não apenas o
  cliente que fez a pergunta, mas também outros que
  possam ter a mesma dúvida.
- **Encorage Perguntas**: Incentive os clientes a
  fazerem perguntas, seja através de postagens ou
  durante interações diretas.

36.3 Boas Práticas de Resposta

Aqui estão algumas boas práticas para responder às
perguntas dos clientes:

- **Seja Claro e Conciso**: Mantenha suas respostas
  claras e concisas, evitando jargões técnicos que
  possam confundir os clientes.
- **Use um Tom Profissional**: Mantenha um tom
  profissional e educado em todas as respostas,
  mesmo quando as perguntas forem negativas ou
  críticas.
- **Atualize Regularmente**: Revise e atualize
  regularmente as respostas para garantir que as
  informações estejam sempre precisas e relevantes.

Conclusão

A seção de perguntas e respostas do Google Meu Negócio
é uma ferramenta valiosa para engajar os clientes e
fornecer informações úteis. Use as estratégias e práticas
recomendadas deste capítulo para maximizar o
engajamento e a utilidade dessa seção.

Capítulo 37: Utilização de Chatbots para Melhoria do Atendimento no Google Meu Negócio

37.1 Benefícios dos Chatbots

Os chatbots podem melhorar significativamente o
atendimento ao cliente, oferecendo respostas rápidas e
personalizadas. Aqui estão alguns benefícios:

- **Disponibilidade 24/7**: Os chatbots podem fornecer
  atendimento ao cliente a qualquer hora do dia, sem
  interrupções.
- **Respostas Instantâneas**: Oferecem respostas
  instantâneas a perguntas comuns, melhorando a
  experiência do cliente.
- **Eficiência**: Reduzem a carga de trabalho da equipe
  de atendimento, permitindo que eles se concentrem
  em questões mais complexas.

37.2 Implementação de Chatbots

Aqui estão algumas etapas para implementar chatbots no
seu perfil do Google Meu Negócio:

- **Escolha da Plataforma**: Escolha uma plataforma
  de chatbot que atenda às necessidades da sua
  empresa, como Chatfuel, ManyChat ou Tidio.

* **Configuração Inicial**: Configure o chatbot com respostas automáticas para perguntas comuns, como horário de funcionamento, localização e serviços oferecidos.
* **Integração**: Integre o chatbot com seu perfil do Google Meu Negócio e outros canais de comunicação, como seu site e redes sociais.

37.3 Personalização de Respostas

Personalize as respostas do chatbot para torná-las mais úteis e relevantes para os clientes:

* **Linguagem Natural**: Use uma linguagem natural e amigável para tornar as interações mais humanas.
* **Personalização**: Adicione elementos de personalização, como o nome do cliente, para criar uma conexão mais pessoal.
* **Atualização Regular**: Atualize regularmente as respostas do chatbot para refletir mudanças nas informações da sua empresa.

Conclusão

Os chatbots são uma ferramenta poderosa para melhorar o atendimento ao cliente e fornecer respostas rápidas e precisas. Use as estratégias deste capítulo para implementar e personalizar chatbots no seu perfil do Google Meu Negócio.

Capítulo 38: Estratégias de Retargeting através do Google Ads

38.1 O que é Retargeting?

O retargeting é uma estratégia de marketing que visa os usuários que já interagiram com seu perfil ou site, lembrando-os de seus produtos ou serviços. Veja como funciona:

- **Identificação de Usuários**: Usa cookies para rastrear os usuários que visitaram seu perfil ou site.
- **Anúncios Direcionados**: Exibe anúncios direcionados a esses usuários em outros sites e plataformas, incentivando-os a retornar e concluir uma ação.

38.2 Configuração de Campanhas de Retargeting

Aqui estão os passos para configurar campanhas de retargeting no Google Ads:

- **Criação de Público-Alvo**: Crie listas de públicos-alvo com base em interações anteriores, como visitas ao seu perfil ou ações específicas realizadas.
- **Desenvolvimento de Anúncios**: Crie anúncios atraentes que incentivem os usuários a retornar ao seu perfil ou site.
- **Configuração de Lances e Orçamentos**: Defina lances e orçamentos apropriados para suas campanhas de retargeting.

38.3 Medição de Resultados

Medir os resultados das suas campanhas de retargeting é crucial para entender sua eficácia e fazer ajustes necessários:

- **CTR (Taxa de Cliques)**: Monitore a taxa de cliques para avaliar o engajamento dos anúncios.

- **Conversões**: Acompanhe as conversões para medir o sucesso das campanhas em gerar ações desejadas.
- **Custo por Conversão**: Calcule o custo por conversão para entender o ROI das suas campanhas de retargeting.

Conclusão

O retargeting é uma estratégia eficaz para reengajar usuários que já interagiram com seu perfil ou site. Use as etapas e práticas recomendadas deste capítulo para configurar e otimizar suas campanhas de retargeting no Google Ads.

Capítulo 39: Implementação de Programas de Fidelidade via Google Meu Negócio

39.1 Benefícios dos Programas de Fidelidade

Os programas de fidelidade podem aumentar a retenção de clientes e incentivar compras repetidas. Aqui estão alguns benefícios:

- **Retenção de Clientes**: Programas de fidelidade incentivam os clientes a retornar e fazer mais compras.
- **Engajamento**: Aumentam o engajamento ao oferecer recompensas e incentivos para interações contínuas.
- **Dados do Cliente**: Fornecem dados valiosos sobre os comportamentos e preferências dos clientes.

39.2 Configuração de Programas de Fidelidade

Aqui estão os passos para configurar programas de fidelidade através do Google Meu Negócio:

- **Definição de Recompensas**: Determine as recompensas que você oferecerá aos clientes, como descontos, produtos gratuitos ou pontos de fidelidade.
- **Comunicação**: Use o Google Meu Negócio para comunicar o programa de fidelidade aos clientes, através de postagens e mensagens.
- **Rastreamento de Participação**: Monitore a participação dos clientes no programa de fidelidade e ajuste as recompensas conforme necessário.

39.3 Promoção de Programas de Fidelidade

Promova seu programa de fidelidade para aumentar a adesão e engajamento:

- **Postagens no Google Meu Negócio**: Crie postagens regulares destacando os benefícios e atualizações do programa de fidelidade.
- **Email Marketing**: Envie emails informando os clientes sobre o programa e incentivando-os a participar.
- **Redes Sociais**: Use suas redes sociais para promover o programa e compartilhar histórias de sucesso de clientes.

Conclusão

Os programas de fidelidade são uma maneira eficaz de aumentar a retenção e o engajamento dos clientes. Use as estratégias deste capítulo para configurar, promover e monitorar seu programa de fidelidade através do Google Meu Negócio.

Capítulo 40: Melhorias Contínuas através de A/B Testing no Google Meu Negócio

40.1 O que é A/B Testing?

A/B testing é uma técnica que envolve a criação de duas versões diferentes de um elemento (A e B) para determinar qual delas é mais eficaz. Veja como funciona:

- **Criação de Variantes**: Crie duas versões diferentes de um elemento, como uma descrição, imagem ou chamada à ação.
- **Divisão de Tráfego**: Divida o tráfego entre as duas variantes de forma aleatória.
- **Medição de Desempenho**: Compare o desempenho das duas variantes para determinar qual delas é mais eficaz.

40.2 Como Implementar A/B Testing

Aqui estão os passos para implementar A/B testing no Google Meu Negócio:

- **Identificação de Elementos para Testar**: Escolha os elementos que você deseja testar, como descrições, fotos, postagens ou chamadas à ação.
- **Criação de Variantes**: Crie duas variantes para cada elemento que você está testando.
- **Monitoramento de Resultados**: Monitore os resultados de cada variante para avaliar qual delas tem melhor desempenho.

40.3 Análise e Implementação de Resultados

Após conduzir os testes A/B, analise os resultados e implemente as mudanças necessárias:

- **Análise de Dados**: Analise os dados coletados durante os testes para determinar qual variante teve melhor desempenho.
- **Implementação de Melhorias**: Implemente as mudanças necessárias com base nos resultados dos testes.
- **Testes Contínuos**: Continue realizando testes A/B regularmente para identificar novas oportunidades de melhoria.

Conclusão

A/B testing é uma técnica poderosa para melhorar continuamente seu perfil do Google Meu Negócio. Use as estratégias deste capítulo para implementar e analisar testes A/B, garantindo que seu perfil esteja sempre otimizado.

Capítulo 41: Crescimento Orgânico através de Testemunhos e Casos de Sucesso

41.1 Importância dos Testemunhos e Casos de Sucesso

Testemunhos e casos de sucesso são ferramentas poderosas para construir credibilidade e atrair novos clientes. Veja por que são importantes:

- **Prova Social**: Testemunhos e casos de sucesso fornecem prova social de que sua empresa oferece produtos ou serviços de qualidade.
- **Confiança**: Aumentam a confiança dos clientes em potencial, mostrando que outros tiveram experiências positivas.
- **Engajamento**: Histórias de sucesso podem engajar e inspirar outros clientes a interagir com sua empresa.

41.2 Coleta de Testemunhos

Aqui estão algumas estratégias para coletar testemunhos de clientes:

- **Solicitação Direta**: Peça diretamente aos clientes satisfeitos para deixarem um testemunho no Google Meu Negócio.
- **Emails de Seguimento**: Envie emails de seguimento após a compra ou serviço, solicitando feedback e testemunhos.
- **Incentivos**: Ofereça pequenos incentivos, como descontos ou brindes, para clientes que deixarem testemunhos.

41.3 Apresentação de Casos de Sucesso

Aqui estão algumas maneiras de apresentar casos de sucesso no seu perfil do Google Meu Negócio:

- **Postagens Detalhadas**: Crie postagens detalhadas que descrevam casos de sucesso específicos, destacando os desafios enfrentados e as soluções implementadas.
- **Vídeos de Testemunhos**: Use vídeos para capturar testemunhos de clientes, proporcionando uma maneira mais envolvente de compartilhar suas histórias.
- **Seção de Avaliações**: Destaque casos de sucesso na seção de avaliações do seu perfil, incentivando outros clientes a lerem essas histórias.

Conclusão

Testemunhos e casos de sucesso são essenciais para construir credibilidade e atrair novos clientes. Use as estratégias deste capítulo para coletar e apresentar testemunhos e casos de sucesso no seu perfil do Google Meu Negócio.

Capítulo 42: Utilização de Realidade Aumentada no Google Meu Negócio

42.1 Benefícios da Realidade Aumentada (AR)

A realidade aumentada (AR) pode oferecer uma experiência interativa e envolvente para os clientes. Aqui estão alguns benefícios:

- **Interatividade**: A AR permite que os clientes interajam com seus produtos ou serviços de maneira virtual.
- **Visualização de Produtos**: Os clientes podem visualizar produtos em 3D, ajudando-os a tomar decisões de compra mais informadas.
- **Engajamento**: A AR pode aumentar o engajamento dos clientes, proporcionando uma experiência única e memorável.

42.2 Implementação de AR no Google Meu Negócio

Aqui estão os passos para implementar AR no seu perfil do Google Meu Negócio:

- **Escolha de Plataforma de AR**: Escolha uma plataforma de AR que seja compatível com suas necessidades, como Google ARCore ou Apple ARKit.
- **Desenvolvimento de Conteúdo AR**: Crie conteúdo AR relevante, como modelos 3D de produtos ou tours virtuais do seu espaço.

- **Integração com Google Meu Negócio**: Integre o conteúdo AR ao seu perfil do Google Meu Negócio, usando links ou postagens que direcionem os clientes para as experiências AR.

42.3 Exemplos de Uso de AR

Aqui estão alguns exemplos de como empresas estão usando AR:

- **Lojas de Móveis**: Permitem que os clientes vejam como os móveis ficariam em suas casas usando AR.
- **Imobiliárias**: Oferecem tours virtuais de propriedades, permitindo que os clientes explorem os imóveis em 3D.
- **Lojas de Roupas**: Usam AR para permitir que os clientes experimentem virtualmente roupas e acessórios.

Conclusão

A realidade aumentada é uma ferramenta poderosa para criar experiências interativas e envolventes para os clientes. Use as estratégias deste capítulo para implementar AR no seu perfil do Google Meu Negócio e aumentar o engajamento dos clientes.

Capítulo 43: Importância da Acessibilidade no Perfil do Google Meu Negócio

43.1 Por que a Acessibilidade é Importante?

Garantir que seu perfil do Google Meu Negócio seja acessível para todos os usuários é crucial. Veja por que a acessibilidade é importante:

- **Inclusão**: A acessibilidade garante que todos os usuários, incluindo aqueles com deficiências, possam acessar e usar seu perfil.
- **Experiência do Usuário**: Melhorar a acessibilidade pode melhorar a experiência geral do usuário e aumentar a satisfação do cliente.
- **SEO**: O Google valoriza a acessibilidade, o que pode melhorar seu ranking nos resultados de busca.

43.2 Como Tornar Seu Perfil Acessível

Aqui estão algumas práticas recomendadas para tornar seu perfil do Google Meu Negócio mais acessível:

- **Texto Alternativo para Imagens**: Adicione texto alternativo (alt text) a todas as imagens, descrevendo o conteúdo da imagem.
- **Contraste de Cores**: Use combinações de cores com alto contraste para garantir que o texto seja legível para todos os usuários.
- **Descrições Detalhadas**: Forneça descrições detalhadas para todos os produtos e serviços, facilitando a compreensão para usuários com deficiências visuais ou cognitivas.

43.3 Ferramentas para Verificar Acessibilidade

Existem várias ferramentas que você pode usar para verificar a acessibilidade do seu perfil:

- **WAVE**: Ferramenta que analisa a acessibilidade do seu site e fornece sugestões de melhorias.
- **Google Lighthouse**: Ferramenta integrada ao Google Chrome que avalia a acessibilidade e oferece recomendações.

- **AXE**: Ferramenta de teste de acessibilidade que pode ser usada para verificar a conformidade com as diretrizes de acessibilidade.

Conclusão

Garantir a acessibilidade do seu perfil do Google Meu Negócio é essencial para oferecer uma experiência inclusiva e satisfatória para todos os usuários. Use as práticas e ferramentas recomendadas deste capítulo para melhorar a acessibilidade do seu perfil.

Capítulo 44: Estratégias de Link Building para SEO Local

44.1 O que é Link Building?

Link building é o processo de adquirir links de outros sites para o seu próprio site. Veja por que é importante:

- **Autoridade**: Links de sites de alta autoridade podem aumentar a credibilidade do seu site aos olhos do Google.
- **Tráfego de Referência**: Links de outros sites podem direcionar tráfego de qualidade para o seu site.
- **SEO**: O Google usa links como um sinal de relevância e autoridade, o que pode melhorar seu ranking nos resultados de busca.

44.2 Estratégias de Link Building

Aqui estão algumas estratégias eficazes de link building para SEO local:

- **Parcerias Locais**: Estabeleça parcerias com outras empresas locais para trocas de links.
- **Listagens em Diretórios Locais**: Inscreva-se em diretórios de negócios locais e sites de avaliação.
- **Conteúdo de Qualidade**: Crie conteúdo de alta qualidade que outros sites queiram linkar, como artigos informativos, infográficos e estudos de caso.

44.3 Ferramentas de Link Building

Existem várias ferramentas que podem ajudar no processo de link building:

- **Ahrefs**: Ferramenta poderosa para análise de backlinks e pesquisa de concorrentes.
- **Moz Link Explorer**: Ferramenta que ajuda a encontrar oportunidades de link building e monitorar backlinks.
- **SEMrush**: Oferece uma variedade de ferramentas para pesquisa de backlinks e análise de concorrentes.

Conclusão

Link building é uma estratégia essencial para melhorar o SEO local e aumentar a visibilidade do seu perfil do Google Meu Negócio. Use as estratégias e ferramentas deste capítulo para construir links de qualidade e melhorar sua presença online.

Capítulo 45: Como Utilizar Eventos no Google Meu Negócio para Atrair Clientes

45.1 Benefícios de Promover Eventos

Promover eventos através do Google Meu Negócio pode
atrair novos clientes e aumentar o engajamento. Veja
alguns benefícios:

- **Visibilidade**: Eventos promovidos no Google Meu
  Negócio podem aparecer nos resultados de
  pesquisa e no Google Maps, aumentando a
  visibilidade.
- **Engajamento**: Eventos oferecem uma
  oportunidade para engajar diretamente com os
  clientes e construir relacionamentos.
- **Credibilidade**: Promover eventos pode aumentar a
  credibilidade da sua empresa, mostrando que você
  está ativo e envolvido na comunidade.

45.2 Como Criar e Promover Eventos

Aqui estão os passos para criar e promover eventos no
Google Meu Negócio:

- **Criação de Eventos**: Vá para o painel do Google
  Meu Negócio e crie um novo evento, fornecendo
  detalhes como título, data, hora e descrição.
- **Promoção de Eventos**: Use postagens no Google
  Meu Negócio, redes sociais e email marketing para
  promover o evento.
- **Engajamento Pré-Evento**: Incentive os clientes a
  confirmar presença e compartilhar o evento com
  amigos e familiares.

45.3 Exemplos de Eventos

Aqui estão alguns exemplos de eventos que você pode
promover através do Google Meu Negócio:

- **Workshops e Seminários**: Ofereça workshops ou seminários educacionais sobre tópicos relevantes para o seu setor.
- **Lançamentos de Produtos**: Promova lançamentos de novos produtos ou serviços.
- **Eventos Comunitários**: Participe ou organize eventos comunitários, como feiras locais, eventos de caridade ou atividades ao ar livre.

Conclusão

Promover eventos através do Google Meu Negócio é uma excelente maneira de aumentar a visibilidade, engajar clientes e construir credibilidade. Use as estratégias deste capítulo para criar e promover eventos que atraiam e envolvam seus clientes.

Capítulo 46: Promoção de Ofertas Especiais e Descontos através do Google Meu Negócio

46.1 Importância de Ofertas e Descontos

Ofertas especiais e descontos podem atrair novos clientes e aumentar as vendas. Veja por que são importantes:

- **Atração de Novos Clientes**: Ofertas especiais podem atrair novos clientes que estão procurando por boas ofertas.
- **Fidelização de Clientes**: Descontos podem incentivar clientes existentes a retornar e fazer compras repetidas.
- **Aumento das Vendas**: Ofertas e descontos podem impulsionar as vendas durante períodos de baixa demanda.

46.2 Como Criar Ofertas no Google Meu Negócio

Aqui estão os passos para criar e promover ofertas no Google Meu Negócio:

- **Criação de Ofertas**: Acesse o painel do Google Meu Negócio e crie uma nova oferta, fornecendo detalhes como título, descrição, datas válidas e termos e condições.
- **Promoção de Ofertas**: Use postagens no Google Meu Negócio, redes sociais e email marketing para promover suas ofertas e descontos.
- **Monitoramento de Resultados**: Acompanhe o desempenho das suas ofertas e ajuste suas estratégias conforme necessário.

46.3 Exemplos de Ofertas Especiais

Aqui estão alguns exemplos de ofertas especiais que você pode promover através do Google Meu Negócio:

- **Descontos Sazonais**: Ofereça descontos durante feriados ou eventos sazonais, como Natal, Black Friday ou Ano Novo.
- **Promoções de Lançamento**: Ofereça descontos ou brindes para promover o lançamento de novos produtos ou serviços.
- **Programas de Fidelidade**: Crie programas de fidelidade que ofereçam descontos ou recompensas para clientes que fazem compras repetidas.

Conclusão

Promover ofertas especiais e descontos através do Google Meu Negócio é uma maneira eficaz de atrair novos clientes, fidelizar clientes existentes e aumentar as vendas. Use as estratégias deste capítulo para criar e promover ofertas que impulsionem seu negócio.

Capítulo 47: Monitoramento de Competência com Ferramentas de SEO

47.1 Por que Monitorar a Competência?

Monitorar a competência é essencial para entender como sua empresa se compara aos concorrentes e identificar oportunidades de melhoria. Veja por que é importante:

- **Identificação de Oportunidades**: Monitorar a competência ajuda a identificar oportunidades de crescimento e áreas onde você pode superar seus concorrentes.
- **Ajuste de Estratégias**: Entender as estratégias dos concorrentes permite que você ajuste suas próprias estratégias para se manter competitivo.
- **Avaliação de Desempenho**: Comparar seu desempenho com o dos concorrentes ajuda a avaliar a eficácia das suas estratégias de marketing e SEO.

47.2 Ferramentas de Monitoramento de Competência

Aqui estão algumas ferramentas que podem ajudar a monitorar a competência:

- **SEMrush**: Oferece uma variedade de ferramentas para análise de concorrentes, pesquisa de palavras-chave e monitoramento de backlinks.
- **Ahrefs**: Ferramenta poderosa para análise de backlinks, pesquisa de palavras-chave e monitoramento de concorrentes.
- **Moz**: Fornece ferramentas para pesquisa de palavras-chave, análise de backlinks e monitoramento de SEO.

47.3 Estratégias de Monitoramento

Aqui estão algumas estratégias para monitorar a competência de forma eficaz:

- **Análise de Palavras-Chave**: Use ferramentas de SEO para analisar as palavras-chave que seus concorrentes estão usando e identificar oportunidades de otimização.
- **Monitoramento de Backlinks**: Acompanhe os backlinks dos seus concorrentes para identificar oportunidades de link building.
- **Análise de Conteúdo**: Avalie o conteúdo dos seus concorrentes para identificar tópicos populares e oportunidades de criação de conteúdo.

Conclusão

Monitorar a competência é essencial para se manter competitivo e identificar oportunidades de crescimento. Use as ferramentas e estratégias deste capítulo para monitorar seus concorrentes e ajustar suas estratégias de marketing e SEO.

Capítulo 48: Gerenciamento de Reputação Online através do Google Meu Negócio

48.1 Importância da Reputação Online

A reputação online é crucial para o sucesso de qualquer empresa. Veja por que é importante:

- **Confiança do Cliente**: Uma boa reputação online aumenta a confiança dos clientes e a probabilidade de conversões.

- **Visibilidade**: Empresas com boas avaliações e uma reputação sólida tendem a ter melhor visibilidade nos resultados de busca.
- **Competitividade**: Manter uma boa reputação online ajuda a diferenciar sua empresa dos concorrentes.

48.2 Estratégias para Gerenciar a Reputação Online

Aqui estão algumas estratégias eficazes para gerenciar a reputação online através do Google Meu Negócio:

- **Monitoramento de Avaliações**: Monitore regularmente as avaliações dos clientes e responda rapidamente a feedbacks positivos e negativos.
- **Solicitação de Avaliações**: Incentive os clientes satisfeitos a deixarem avaliações no Google Meu Negócio.
- **Resolução de Problemas**: Aborde rapidamente quaisquer problemas ou feedbacks negativos e trabalhe para resolver as questões de forma satisfatória.

48.3 Ferramentas para Gerenciamento de Reputação

Existem várias ferramentas que podem ajudar no gerenciamento da reputação online:

- **Reputation.com**: Plataforma de gestão de reputação que monitora avaliações e feedbacks dos clientes.
- **BirdEye**: Ferramenta que ajuda a coletar, monitorar e responder a avaliações de clientes.
- **Yotpo**: Plataforma de marketing que oferece coleta e gerenciamento de avaliações de clientes.

Conclusão

Gerenciar a reputação online é essencial para construir confiança, aumentar a visibilidade e diferenciar sua empresa dos concorrentes. Use as estratégias e ferramentas deste capítulo para gerenciar eficazmente a reputação da sua empresa através do Google Meu Negócio.

Capítulo 49: Aprimorando a Experiência do Cliente com Google Meu Negócio

49.1 Importância da Experiência do Cliente

A experiência do cliente é crucial para o sucesso de qualquer negócio. Veja por que é importante:

- **Satisfação do Cliente**: Uma boa experiência do cliente aumenta a satisfação e a lealdade.
- **Recomendações**: Clientes satisfeitos são mais propensos a recomendar sua empresa a outros.
- **Retenção**: Melhorar a experiência do cliente pode aumentar a retenção e reduzir a rotatividade.

49.2 Estratégias para Melhorar a Experiência do Cliente

Aqui estão algumas estratégias para melhorar a experiência do cliente através do Google Meu Negócio:

- **Comunicação Clara**: Certifique-se de que todas as informações no seu perfil do Google Meu Negócio sejam claras e precisas.
- **Engajamento Ativo**: Engaje ativamente com os clientes, respondendo a perguntas e avaliações de maneira rápida e útil.

- **Feedback do Cliente**: Solicite e analise o feedback dos clientes para identificar áreas de melhoria e implementar mudanças necessárias.

49.3 Ferramentas para Melhorar a Experiência do Cliente

Existem várias ferramentas que podem ajudar a melhorar a experiência do cliente:

- **SurveyMonkey**: Ferramenta para criar e distribuir pesquisas de satisfação do cliente.
- **Zendesk**: Plataforma de atendimento ao cliente que oferece suporte e gerenciamento de feedback.
- **Hootsuite**: Ferramenta de gerenciamento de redes sociais que pode ajudar a monitorar e responder a interações dos clientes.

Conclusão

Melhorar a experiência do cliente é essencial para aumentar a satisfação, retenção e recomendações. Use as estratégias e ferramentas deste capítulo para aprimorar a experiência do cliente através do Google Meu Negócio.

Capítulo 50: Avaliação e Revisão Contínua da Estratégia de Google Meu Negócio

50.1 Importância da Avaliação Contínua

Avaliar continuamente sua estratégia de Google Meu Negócio é crucial para garantir que ela permaneça eficaz e relevante. Veja por que é importante:

- **Identificação de Oportunidades**: Avaliar regularmente sua estratégia ajuda a identificar novas oportunidades de crescimento e melhoria.
- **Ajuste de Estratégias**: Permite que você ajuste suas estratégias com base em dados e feedbacks atualizados.
- **Manutenção da Relevância**: Garantir que sua estratégia permaneça alinhada com as mudanças no mercado e nas preferências dos clientes.

50.2 Métodos de Avaliação

Aqui estão alguns métodos eficazes para avaliar sua estratégia de Google Meu Negócio:

- **Análise de Desempenho**: Use ferramentas como Google Analytics e Google Meu Negócio Insights para monitorar o desempenho do seu perfil.
- **Feedback do Cliente**: Solicite feedback regular dos clientes para entender suas necessidades e expectativas.
- **Benchmarking**: Compare seu desempenho com o de concorrentes para identificar áreas onde você pode melhorar.

50.3 Ajustes e Melhoria Contínua

Aqui estão algumas estratégias para ajustar e melhorar continuamente sua estratégia de Google Meu Negócio:

- **Implementação de Feedback**: Use o feedback dos clientes para fazer ajustes e melhorias contínuas.
- **Testes A/B**: Realize testes A/B para experimentar diferentes abordagens e identificar as mais eficazes.

- **Atualização Regular**: Mantenha seu perfil atualizado com as últimas informações, ofertas e tendências.

Conclusão

Avaliar e revisar continuamente sua estratégia de Google Meu Negócio é essencial para garantir que ela permaneça eficaz e relevante. Use os métodos e estratégias deste capítulo para realizar avaliações regulares e fazer ajustes contínuos para otimizar sua presença online.